2024년도 최신판 최근 9년간 실기·구술 기출문제 통계 분석

생활·전문 스포츠지도사 2급

보디 빌딩 실기구술 단박에 오름

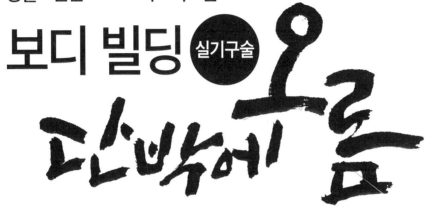

7만명 네이버 카페 회원의 노하우를 반영

⬢ 피앤피북

대장장이
전지호가 보는

예전에는 스포츠지도사 시험은 타 시험에 비해 비교적 적은 범위에서 특정한 패턴의 문제 유형이 출제되어 왔고 시험의 난이도가 대단히 높지는 않았기 때문에 출제의 흐름과 방향을 예상하여 합격만을 위한 대비가 가능한 영역이었습니다.

그러나 2015년 제도에 변화가 생긴 이후로는 검정절차가 까다로워졌을 뿐 아니라, 시험의 난이도도 상당히 높아지고 있습니다. 또한 현대인의 생활패턴이 변화하고 여가에 대한 니즈가 많아지면서 스포츠에 대한 관심이 높아지고 있기 때문에 각 스포츠시설에서의 스포츠지도사에 대한 수요도 늘어나고 있습니다.

이런 요인에 의해 스포츠지도사 자격 검정의 경쟁률은 올라가지만 합격률은 현저히 낮아지는 결과가 나타나고 있습니다.

이런 추세에 발맞추어 보디빌딩 종목에서도 다양한 실기·구술 수험서가 발간되고 있습니다만 스포츠지도사 검정보다는 일반 보디빌딩의 트레이닝 서적에 구술문제를 취합한 정도의 책들이 많습니다.

그런 점에서 현재까지 출간된 대부분의 책들은 단기간에 실기와 구술 시험을 준비하는 응시자들에

스포츠지도사의
미래

게는 한계가 있습니다. 실제 시험장에서 자주 출제되는 동작과 구술 문제들과 심사위원들이 중요하게 여기는 요소들에 대한 분석없이 기존의 이론들을 짜깁기한 정도의 책이 많기 때문입니다.

그런 이유로 최근 몇 년간 많은 분들이 저희 단박에오름에 보디빌딩 실기·구술 수험서의 출간을 요청해 오셨습니다. 하지만 교재를 함께 연구할 능력있는 저자분의 섭외가 어려웠고, 저희도 실제 스포츠지도사 시험의 실기·구술 영역에 대한 충분히 많은 데이터를 확보하기까지의 시간이 필요했기 때문에 미루어 오다가 드디어 "생활·전문 스포츠지도사 2급 보디빌딩 실기·구술 단박에오름"을 출간하게 되었습니다.

본 서적은 2011년 이후 네이버 카페 단박에오름에 축적된 회원분들의 생생한 후기와 자료를 분석하고 통계화하여 최단기 합격에 최적화된 정보만을 수록했습니다. 또한 기출자료를 엄정하게 검토하여 심사위원이 심사에 초점을 두는 핵심내용을 수록하려 노력했습니다.

보디빌딩 분야에 대해 더욱 전문적이고 진지한 연구를 하고 있는 김형철 트레이너님을 섭외하여 보디빌딩 트레이너라면 반드시 알아야 하는 필수 지식까지 정리하여 편찬했습니다.

또한 수험서 분야의 분석 전문가들과 보디빌딩 분야의 전문가가 힘을 합쳐 만들었습니다. 이 책이 스포츠 지도사 보디빌딩 종목에 도전하는 여러분께 등불이 되기를 바랍니다.

언제 어디서나 좋은 교육서비스를 받을 수 있는 세상,
누구나 좋은 교육 서비스를 공평하게 제공받을 수 있는 세상,
사회 구성원의 능력이 더욱 빛을 발할 수 있는 문화가 꽃피는 세상,

단박에오름이 앞장서서 길을 내겠습니다.

단박에오름 대장장이 전지호

INTRO

이현재

2014 미스터 안양 65Kg 1위
2015 미스터 인천 70Kg 1위
2018 나바코리아 WFF Mr Fitness 1위
2018 나바코리아 WFF Mr Pro 3위
2023 MUSA 남양주 보디빌딩 75Kg 2위
2023 MUSA 남양주 클래식 보디빌딩 2위
2023 MUSA 남양주 클래식 모델 미디움 3위
2023 MUSA 남양주 보디빌딩 피트니스 3위
현 파인드짐 대표

권오윤

2급 보디빌딩 교원자격증
전) 휘트니스클리닉 청담점 트레이너
전) 휘트니스클리닉 삼성점 트레이너
현) 인어스휘트니스 마포점 트레이너

스포츠 지도사의 전망

스포츠지도사 자격증은 스포츠 강습시설을 운영하거나 공인된 시설에서 강습행위를 제공하는 사람이라면 반드시 취득해야 하는 국가 공인 자격증입니다. 국가 자격증이니만큼 스포츠지도사 자격증의 취득은 해당 분야에서의 전문성과 안전한 운동 활동을 지원할 수 있는 능력을 갖추었다는 증표가 됩니다.

최근 기대수명이 증가하고 건강에 대한 관심이 높아지면서 최근에는 스포츠지도사 자격증 취득자의 진로와 미래에도 유의미한 변화가 생기고 있습니다.

1. 건강 및 웰빙 산업의 성장: 기대수명 증가는 건강 및 웰빙에 대한 관심을 높였습니다. 노화 과정에서도 건강한 삶을 유지하고자 하는 수요가 증가하고 있습니다.

2. 스포츠 건강 증진: 다양한 연령층의 사람들이 스포츠와 운동을 통한 건강 증진의 중요성을 인식하고 운동을 통한 건강한 라이프스타일을 추구하고 있습니다.

3. 전문적인 노령 스포츠: 노인층의 활동성이 높아지면서, 노인연령층을 위한 건강관리 프로그램이 하나의 시장으로 형성되었습니다.

4. 스포츠 심리학과 멘탈 헬스: 운동은 신체적 건강뿐만 아니라 개인과 사회의 심리적 문제를 개선할 수 있는 방법으로 활용되고 있습니다.

이런 변화로 인해 더욱 능력이 있는 트레이너에 대한 사회적 요구가 높아지면서 자격증의 취득의 문턱도 많이 높아진 상태입니다. 하지만 스포츠 시설의 운영이나 강습행위에 더욱 전문적인 지식과 기능을 인정받으려면 그리고 관련 직종에서 안정적인 직업활동을 계속하려면 스포츠지도사 자격증의 취득은 필수적인 것입니다.

2015년 이후 가장 많은 합격 후기를 축적하고 있는 '단박에오름'에서 열심히 도와드리겠습니다.

단박에 오름의 구술실기 합격팁

체육지도자연수원에서 발표한 보디빌딩 구술, 실기 중 구술의 출제범위와 배점기준은 다음과 같습니다.

영역	배점	내용
규정	40점	경기운영, 경기규칙, 최신규정
지도방법	40점	응급처치 및 영양섭취, 트레이닝방법
태도	20점	질문이해, 내용표현(목소리), 자세, 신념, 복장, 용모

위의 표에 따르면 구술문제에서는 보디빌딩 경기의 규정과 지도방법에 80점, 그리고 응시자의 태도에 20점이 배점되어 있습니다. 그 중 태도 부분은 실기영역에도 그대로 적용할 수 있습니다. 즉, 적어도 보디빌딩 실기에 응시하는 사람이라면 우선 심사위원이 요구하는 동작의 이름과 개요 정도는 숙지하고 있어야 하는 것입니다.

요구된 동작은 자신있고 숙련된 모습으로 구현할 수 있어야 합니다. 그리고 심사위원이 제지하지 않는다면 요구된 동작을 실시하기 전에 어떤 동작을 실시할 것인지를 큰 소리로 복창하는 것도 자신감을 보여주는 좋은 방법입니다. 예를 들면 "덤벨 프론트 레이즈를 실시하겠습니다!"이렇게 외친 후 동작을 보여주는 겁니다.

응시자들로부터 매년 같은 질문을 많이 받는 내용이 있습니다. '반드시 요구된 복장을 갖추고 시험장에 가야 하는가?'입니다. 만약 규정과 지도방법에 관한 모든 질문에 정확하고 자신있게 대답을 할 수 있기 때문에 태도영역의 20점 정도를 포기해도 된다는 자신이 있다면 그래도 될 것 같습니다.

그러나 구술과 실기는 응시하는 모든 분들이 철저하게 준비를 하고 옵니다. 그러므로 실제 시험장에서는 동작을 정확하게 실시하지 못해 떨어지는 분은 많지 않습니다. 이 말은 태도 점수에서 합격과 불합격이 갈리게 된다는 이야기이기도 합니다. 그러니 정확한 복장을 준비하세요.

마지막으로 실기시험일 만큼은 가장 멋지고 가장 완벽한 모습을 준비하세요. 과도한 메이크업은 필요 없지만 적어도 깔끔한 사람이라는 인상을 줄 수 있어야 합니다. 그리고 준비한 모든 것들을 당당하게 뽐내고 오시면 됩니다. 여러분은 스포츠지도사 시험의 응시자이면서 예비 지도자이니까요.

시험장 꿀팁 !

- 시험관의 질문에 최대한 큰소리로 자신있게 대답한다.
- 시험관이 동작을 정확히 볼 수 있게 최대한 천천히 절도있게 수행한다.
- 최대 이완, 최대 수축으로 동작을 다소 과장하여 보여주어도 된다.
- 시험관이 확인 할 수 있게 호흡은 최대한 크게 하고 동작은 자신감 있게 수행한다.
- 시험관의 멈춤 지시가 있을 때까지는 동작을 계속 반복한다.

이 책의 구성

■ 전문 보디빌딩 트레이너가 합격을 위한 핵심팁과 필수 지식을 알려드립니다.

마지막으로 실기시험일 만큼은 가장 멋지고 가장 완벽한 모습을 준비하세요. 과도한 메
깔끔한 사람이라는 인상을 줄 수 있어야 합니다. 그리고 준비한 모든 것들을 당당하게 톰
스포츠지도사 시험의 응시자이면서 예비 지도자이니까요.

시험장 꿀팁 I

* 시험관의 질문에 최대한 큰소리로 자신있게 대답한다.
* 시험관이 동작을 정확히 볼 수 있게 최대한 천천히 절도있게 수행한다.
* 최대 이완, 최대 수축으로 동작을 다소 과장하여 보여주어도 된다.
* 시험관이 확인 할 수 있게 호흡은 최대한 크게 하고 동작은 자신감 있게 수행한다.
* 시험관의 멈춤 지시가 있을 때까지는 동작을 계속 반복한다.

시험장 팁

쉽게 외우는 필수 용어

쉽게 외우는 실기 명칭

1. 운동 명칭 관련 용어

* 엑서사이즈(Exercise) - 운동
* 그립(Grip) - 잡다
* 스탠딩(Standing) - 똑바로 서서 (예) 스탠딩 투 암 덤벨 컬
* 싯(Sit) - 앉다, 앉아 있다 (예) 싯 업
* 시티드(Seated) - 앉아서 (예) 시티드 로우(의자, 벤치)

2급 스포츠지도사 자주 묻는 질문

1. 스포츠지도사 제도 관련

■ 스포츠지도사 자격증으로 할 수 있는 일이 무엇인가요?

스포츠지도사 자격증은 스포츠 분야에서는 유일한 국가공인 자격증입니다. 국가나 지방
는 스포츠 시설에 강습을 위해 취업하는 사람은 스포츠지도사 자격증을 반드시 보유해아
을 운영하거나 그 곳에서 강습을 하는 사람들 중에는 아직도 스포츠지도사 자격증을 취득
의 관리가 강화되어 멀지 않은 미래에는 무자격자의 스포츠시설 운영이나 강습은 어려워

자주 묻는 질문

■ 실기 동작 설명을 이렇게 수록했습니다.

덤벨 벤치 프레스
Dumbbell Bench Press

세 부 평 가 기 준
① 어깨는 고정되어 있는가?
② 덤벨을 올릴 때 가슴을 수축하고 있는가?
③ 팔은 정확히 밀고 있는가?
④ 호흡은 덤벨을 내릴 때 들이마시고 올릴 때 내뱉고 있는가?

운동 부위

· 주동근 : 대흉근
· 협력근 : 전면삼각근,
상완 삼두근

■ 운동 설명
가슴 근육 강화 운동으로 바벨 벤치 프레스에 비해 가동범위가 넓은 운동이다. 양손이 분리되어 있어 균형을 잘 잡고 실시한다.

■ 운동 방법
01 플랫 벤치에 바로 누워 덤벨을 오버핸드 그립으로 잡는다. 덤벨을 가슴 근육에 긴장을 유지하면서 천천히 내리고 호흡을 들이 마신다.

02 가슴 근육의 긴장을 유지하며 처음 자세로 밀어 올리며 호흡을 내쉰다. 처음 동작으로 돌아오면서 호흡을 들이 마시고, 다시 가슴 위로 밀어 올리며 호흡을 내쉰다.

심 · 사 · 포 · 인 · 트
● 몸이 흔들리지 않도록 골반과 등을 벤치에 잘 밀착시킨다.
● 동작 시 손과 팔꿈치는 수직의 일직선상에 위치하도록 균형을 유지하며 수행한다.

NG 덤벨이 몸통 밖으로 과도하게 빠지지 않게 실시한다

Chapter 01 상체·가슴, 팔 87

세부 평가 기준

시험주관기관인 스포츠지도자 연수원에서 발표한 세부평가기준을 각 운동동작마다 수록했습니다.
세부평가기준은 시험장에서 응시자가 정확한 동작을 취할 수 있는지를 검정하는 기준이 되므로 반드시 숙지해야 합니다.

운동시 주동근과 협력근의 위치

보디빌딩 실기와 구술 검정이 어려워지면서 시험장에서 갑자기 주동근과 협력근에 대한 질문을 받을 수 있습니다. 이에 대비하여 해당 근육부위의 위치를 명시했습니다.

운동 설명

보디빌딩 스포츠지도사에 도전하는 사람이라면 반드시 알고 있어야 할 운동동작의 기본 개념을 수록했습니다.

운동 방법과 심사포인트

운동동작의 정확한 실행방법과 순서, 호흡법 등을 가장 명확한 문장으로 표현했습니다. 그리고 심사위원들이 실기검정 시 중요하게 여기는 심사의 포인트를 명시함으로써 긴장으로 인해 흔히 하는 실수를 주의하도록 했습니다.

NG컷

매너리즘에 빠지거나 혹은 처음부터 잘못된 동작을 익힘으로써 운동을 오래한 응시자임에도 실기 검정에서 불합격하는 경우가 종종 있습니다.
그런 분들이 쉽게 하는 실수들을 따로 수록하여 보다 정확하고 안전한 동작을 할 수 있도록 유도했습니다.

2급 스포츠지도사 보디빌딩 자격 검정

스포츠지도사 자격증과 관련한 규정은 국민체육진흥법, 국민체육진흥법 시행령, 체육지도자 연수 및 자격검정에 관한 규칙 등이 있다. 이런 규정에 따라 한국스포츠개발원의 주관으로 체육지도자 연수 및 자격검정 사업이 진행되고 있다.

스포츠지도사에는 전문과 생활의 1, 2급과 노인, 유소년, 장애인 스포츠지도사 등이 포함되어 있으며, 보디빌딩을 포함하여 54개 종목으로 구성되어 있다. 스포츠지도사의 검정은 매년 5~6월경에 필기와 실기, 구술에 대한 시험이 진행되고, 합격자에 한해 연수를 진행한다.

시험과목, 참가자격, 일정 등에 관한 더욱 자세한 정보는 다음의 기관에서 확인할 수 있다.

• 문화체육관광부 www.mcst.go.kr

• 한국스포츠개발원 : www.sports.re.kr

• 체육지도자연수원 : www.insports.or.kr (지원서 접수, 연수등록, 합격자 발표)

• 대한보디빌딩협회 : https://bodybuilding.sports.or.kr (심사규정, 심사 종목 등 확인)

스포츠지도사의 검정과 자격취득 과정은 다음과 같다.

필기시험 → 실기/구술시험 → 실무연수

생활과 전문 2급 스포츠지도사에 도전하는 사람은 스포츠심리학, 운동생리학, 스포츠사회학, 운동역학, 스포츠교육학, 스포츠윤리학 및 한국체육사 등 7개의 과목 중 5과목을 선택하여 필기 시험을 치르고, 필기 시험을 통과해야만 실기와 구술 시험에 도전할 수 있다. 노인, 유소년, 장애인 스포츠지도사에 도전하는 사람은 스포츠심리학, 운동생리학, 스포츠사회학, 운동역학, 스포츠교육학, 스포츠윤리학 및 한국체육사 등 7개의 과목 중 4과목을 선택하고 각각의 스포츠지도사 분야에 따라 노인체육론, 유아체육론, 특수체육론 등 필수과목을 하나 더하여 총 5과목으로 필기 시험을 치른다. 필기에 합격한 후의 과정은 생활이나 전문 스포츠지도사와 동일하다.

우리가 도전하는 보디빌딩 종목의 실기와 구술 검정에서는 실기 70%, 구술 30%의 시험을 치른다. 실기시험에서는 웨이트 트레이닝 동작의 명칭을 알고 있는가, 정확한 동작을 취할 수 있는가, 운동기구의 사용법을 알고 있는가 등에 초점을 둔다. 각 시험장에서는 대학에서 검정이 진행된다는 특성상 프리웨이트인 덤벨 및 가벼운 바벨 혹은 바와 벤치와 같은 간단한 용기구를 활용하여 테스트를 진행한다. 그러므로 덤벨과 바벨, 벤치 등을 활용한 웨이트 트레이닝 동작들을 중심으로 정확한 동작과 호흡법을 숙지해 두는 것이 필요하다.

실기와 구술 시험에서 묻는 내용은 규정+과학+태도이다. 이 말은 보디빌딩 경기의 규정과 웨이트 트레이닝의 과학적 원리 등을 묻는다는 것이다. 따라서 보디빌딩 종목에 도전하는 사람이라면 당연히 심사관이 요구하는 내용을 정확하게 파악한 후 정확한 동작을 보이거나 핵심만을 간추린 답을 할 수 있어야 한다. 이때 주의할 점은 수험자의 태도에도 배점이 있다는 것이다. 자신감 없는 목소리와 행동은 감점의 요인이 된다.

더 나아가 수험자의 복장이 규정에 어긋나거나 지저분하다면 좋은 스포츠지도자가 되지 못할 것이라는 선입견을 주어 심사에서 불이익을 받을 수 있다. 시험장에서는 반드시 규정된 복장을 입고, 깨끗한 운동화를 착용해야 한다. 운동으로 단련된 자신의 몸을 심사위원에게 보여주고 싶다면 몸에 적당히 달라붙는 티셔츠를 입으면 되지만 잘 훈련된 몸이 채점의 요인은 아니므로 규정을 어기면서까지 몸매를 드러낼 필요는 없다.

1. 실기·구술 평가 구성 및 합격 기준

1,2급 생활, 유소년, 노인스포츠지도사 공통 – 실기 5문제 / 구술 5문제

구분	실기 검정	구술 검정
배점	100점	100점
합격기준	70% 이상	70% 이상
문항구성	5개 (각 20점)	규정 : 2개 (40점) 지도 : 2개 (40점) 태도/표현 : 1개 (20점)
내용	종목별 기술분류표에서 선정	규정 + 과학 + 태도
기타사항	* 실기 응시와 동시에 구술 응시	

2. 실기 검정

2급 스포츠지도사 보디빌딩의 실기시험은 바벨 바(Barbell Bar), 덤벨(Dumbbell), 이지 바(EZ Bar)나 체중을 이용하는 운동, 보디빌딩 규정 포즈 등으로 실시한다.

스포츠지도사 자격증 시험은 운동을 좋아하는 사람이 아닌 다른 사람에게 스포츠를 지도할 수 있는 역량을 가진 사람을 뽑기 위한 제도이다. 그 점을 고려하면 구술과 실기 검정에서 어떤 부분에 초점을 두어 검정이 진행될 것인지를 추론할 수 있다. 다음은 체육지도자자격검정 연수원을 통해 발표된 보디빌딩 실기 평가의 검정 기준이다.

[실기평가 기준 및 선정 사유]

- 기초기술 : 기본 기술의 정확한 자세 및 호흡 습득 여부 평가
- 실전기술 : 규정 포즈를 수행하는 능력의 평가
- 각 기술별로 사용되는 (표현되는) 근육에 대한 정확한 지식 여부 평가
- 지도사로서의 자질 및 지도 요령 검증

• 운동프로그램 구성 시 적합한 운동 배치 능력 평가

3. 구술 검정

2급 스포츠지도사 보디빌딩 자격검정에서는 실기와 구술의 배점이 1:1로 동일하다. 50%의 배점이 있는 구술시험은 문제은행식으로 진행되며 수험생은 자신이 무작위로 고른 5가지 문항을 읽고 그에 대한 답을 구술해야 한다.

구술시험은 생활스포츠지도사의 역할, 생활스포츠지도의 원리, 트레이닝 이론, 스포츠생리, 각 부위별 운동종목, 영양학, 보디빌딩 경기규칙 등에서 다양하게 출제되지만 체육지도자연수원을 통해 이미 출제될 문제들이 발표되어 있으므로 충분한 대비가 가능하다.

발표된 구술 시험의 범위는 다음과 같다.

영역	배점	분야	내용
규정	40점	협회 최신 규정	경기인 등록 규정, 도핑 방지 규정, 심판위원회 규정
		종목 소개 (운영, 규정, 진행)	보디빌딩, 클래식 보디빌딩, 남자 피지크, 클래식 피지크, 여자 피지크, 보디 피트니스, 비키니 피트니스
		스포츠 인권	스포츠 폭력 및 성폭력
		생활체육 개요	목적과 기능, Sports For All, Fitness 운동, Aerobics 운동, Wellness 운동
지도 방법	40점	웨이트트레이닝	기본자세, 훈련별·부위별 지도방법
		과학적 지도방법	운동영양학, 운동생리학
		규정 포즈	보디빌딩, 클래식 보디빌딩, 남자 피지크, 클래식 피지크, 여자 피지크, 보디 피트니스, 비키니 피트니스
		응급처지	First Aid & CPCR, 응급상황 대처요령
태도	20점	자세	복장, 용모, 자신감, 표현력, 이해도, 태도
		신념	체육의 이해, 지도력, 적극성

* 위 내용은 구술 검정 준비에 도움을 주기 위한 범위이며, 위 내용 외에 더 추가로 범위를 선정하여 검정할 수 있음.

MEMO

구술 실기 프로세스와 실기검정장 개요도

■ 구술 실기 프로세스

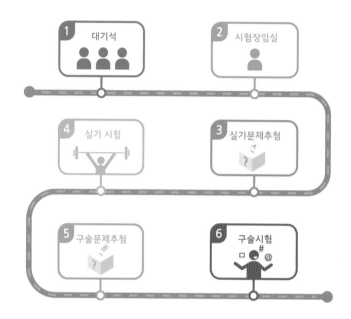

■ 실기검정장 개요도

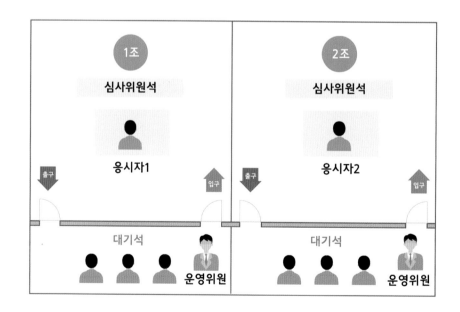

복장 및 시험장 도구 설명

■ 응시자 복장 및 준비물

① 상의 : 민소내 런닝, 탑

② 하의 : 허벅지가 보이는 반바지

③ 운동화

④ 신분증, 수험표 및 준비 서류

■ 시험장 도구 설명

실기 검정 소요 장비의 경우 해당 연도의 종목별 세부 시행 계획에 공지되어 있지만, 검정 장소의 상황에 따라 도구나 장비에 조금의 차이가 발생할 수 있다. 또한 매년 시험 규정이 조금씩 달라짐에 따라 별도의 도구가 추가될 수 있으니 시험 전에 반드시 체육지도자연수원 측의 발표를 확인해야 한다.

① 덤벨 : 2.5kg, 5kg

② 바벨 : 중량바(긴 바, 짧은 바)

③ 벤치

2급 스포츠지도사 자주 묻는 질문 FAQ

1. 스포츠지도사 제도 관련

스포츠지도사 자격증으로 할 수 있는 일이 무엇인가요?

스포츠지도사 자격증은 스포츠 분야에서는 유일한 국가공인 자격증입니다. 국가나 지방자치단체, 각 기업 등에서 운영하는 스포츠 시설에 강습을 위해 취업하는 사람은 스포츠지도사 자격증을 반드시 보유해야만 합니다. 물론 사설 스포츠 시설을 운영하거나 그 곳에서 강습을 하는 사람들 중에는 아직도 스포츠지도사 자격증을 취득하지 않은 사람들이 있지만, 정부의 관리가 강화되어 멀지 않은 미래에는 무자격자의 스포츠시설 운영이나 강습은 어려워질 것입니다.

따라서 각 스포츠 시설에서도 코치를 채용할 때 스포츠지도사 자격증의 취득을 필수 조건으로 요구하고 있습니다. 자격증의 취득 경쟁이 치열하다보니 자격 검정과정의 난이도도 많이 높아지고 있습니다. 스포츠 강습 쪽으로 진로를 결정한 분들은 서둘러 자격증을 취득할 필요가 있습니다.

2급 스포츠지도사의 검정 절차는 어떻게 되나요?

매년 2월초, 자격검정 및 연수 시행계획 공고 -> 3월말~4월초4월 말, 원서 접수 및 증빙서류 제출 -> 4월말, 필기 검정 실시 -> 5월 중순, 합격자 발표 -> 6월~7월 초, 실기 구술 검정 -> 7월 중순, 합격자 발표 -> 7월 중순, 연수 접수 -> 8월~10월, 연수 및 현장실습 -> 12월 말, 최종합격자 발표

자격증에 도전할 수 있는 나이제한이 있나요?

2급 스포츠지도사 자격에는 전문 스포츠지도사, 생활 스포츠지도사, 노인 스포츠지도사, 유소년 스포츠지도사, 장애인 스포츠지도사 등이 있습니다. 모든 스포츠지도사는 당해연도 시험일 기준 만 18세 이상이어야만 도전할 수 있습니다.

전문 스포츠지도사는 어떤 사람이 도전할 수 있나요?

전문 스포츠지도사에는 일반과정과 특별과정, 추가취득으로 도전할 수 있습니다.

그 중 일반과정은

1. 당해연도 시험일 기준으로 해당 종목에 대하여 4년 이상의 경기경력

2. 당해연도 시험일 현재, 「고등교육법」 제2조에 따른 학교에서 체육 분야에 관한 학문을 전공하고 졸업한 사람(졸업예정자 포함)으로 그 경기경력 및 수업연한의 합산 기간이 4년 이상

3. 당해연도 시험일 현재, 문화체육관광부장관이 인정하는 외국의 제1호에 해당하는 학교(학제 또는 교육과정으로 보아 제1호에 따른 학교와 같은 수준이거나 그 이상인 학교)에서 체육분야에 관한 학문을 전공하고 졸업한 사람으로 그 경기 경력 및 수업연한의 합산 기간이 4년 이상

이상의 조건을 갖춘 사람이 응시할 수 있습니다.

특별과정은

1. 당해연도 시험일 현재, 학교체육교사로서 「초·중등교육법」 별표 2에 따른 중등학교 정교사(체육과목)자격을 가지고, 같은 법 제2조에 따른 학교에서 해당 자격 종목의 경기지도경력이 3년 이상

2. 당해연도 시험일 현재, 학교체육교사(학교체육교사였던 사람을 포함)로서 「초·중등교육법」 별표 2에 따른 중등학교 준교사 자격(체육과목)을 가지고, 같은 법 제2조에 따른 학교에서 체육교사로 재직하면서 해당 자격 종목의 경기지도경력이 3년 이상

3. 당해연도 시험일 현재, 해당 자격 종목의 국가대표선수(국가대표선수였던 사람을 포함)로서 국제올림픽위원회, 아시아올림픽평의회, 종목별 국제연맹, 종목별 아시아연맹에서 주최하는 국제대회 중 어느 하나에 참가한 경력 보유

4. 당해연도 시험일 현재, 문화체육관광부장관이 지정하는 프로스포츠단체(축구, 야구, 농구, 배구, 골프 종목에 한함)에 등록된 프로스포츠 선수(프로스포츠선수였던 사람을 포함)로서 해당 자격 종목의 프로스포츠단체 선수경력 3년 이상

5. 당해연도 시험일 현재, 문화체육관광부장관이 지정하는 프로스포츠단체(축구, 야구, 농구, 배구, 골프 종목에 한함)에 등록된 프로스포츠 선수로서 정회원 경력이 3년 이상

이상의 조건을 갖춘 사람이 응시할 수 있습니다.

추가취득은 당해연도 시험일 현재, 2급 전문 스포츠지도사 자격을 가지고 보유한 자격 종목이 아닌 다른 종목의 자격을 취득하려는 사람이 응시할 수 있습니다.

추가취득이라는 것은 무엇인가요?

스포츠지도사 자격증은 전문·생활·노인·유소년·장애인 스포츠지도사 등으로 세분화 되어 있으며 일부 검정절차는 서로 겹칩니다. 따라서 두 개 이상의 스포츠지도사 자격증을 취득하는 사람은 동일한 과정을 불필요하게 반복해야 하는 경우가 생길 수 있습니다. 이러한 비합리적인 절차를 간소화하기 위해 동일한 검정절차는 생략하고도 다른 자격증에 도전할 수 있도록 만들어진 제도가 추가취득입니다.

전문 스포츠지도사의 보디빌딩 종목 자격증을 가진 사람이라면 생활 스포츠지도사의 보디빌딩 종목에 도전할 때는 이미 능력을 증명해 보였던 실기검정을 면제 받고 자격증을 취득할 수 있습니다.

최근 자격 검정제도의 간소화 절차에 따라 추가취득의 조건이 조정되고 있으니 본인의 조건과 관련한 내용이 어떻게 달라졌는지 반드시 확인할 필요가 있습니다.

▣ 같은 해에 두 개의 스포츠지도사 자격증을 취득할 수 있나요?

2급 스포츠지도사 자격증은 추가취득인 경우에는 구술과 실기의 일정을 조절한다면 가능합니다. 하지만 필기부터 처음 도전하는 경우라면 같은 한 해에 두 가지에 자격을 동시에 취득하는 것은 불가능합니다.

▣ 필기와 구술·실기를 함께 준비해야 하나요?

사람마다의 차이가 있습니다. 2급 스포츠지도사 중 생활, 노인, 장애인 스포츠지도사의 경우에는 전공자나 선수 출신이 아니어도 도전할 수 있습니다. 그런 분들은 대부분 필기보다는 실기 능력이 다소 부족할 수 있으니 구술·실기를 일찍부터 준비할 필요가 있습니다. 하지만 필기시험이 매우 어려워지고 있으므로 선수출신이거나 운동을 정확하게 오래 하신 분이라면 구술·실기를 조금 천천히 준비하는 대신 필기시험 준비에 시간을 충분히 쓰는 것이 좋습니다. 경우에 따라 2년을 예상하고 첫 해에는 필기만, 두 번째 해에는 구술·실기에 도전하시는 분도 있습니다.

▣ 구술·실기의 합격기준은 무엇인가요?

각각 만점의 70% 이상의 점수를 얻어야 합격할 수 있습니다. 다만 주관 기관의 발표에 자격종목 및 현장 상황 등을 고려하여 자격검정기관이 정한 바에 따라 실기 및 구술시험을 통합 시행한 후 합격 및 불합격 결정한다고 되어 있어, 심사위원들의 주관적 요인이 조금은 작용할 가능성이 있습니다.

▣ 최종 합격여부는 언제쯤 알 수 있나요?

대개 매년 12월 말에 발표를 합니다.

▣ 보디빌딩 종목의 합격률은 어느 정도인가요?

최근 2급 스포츠지도사의 필기시험은 합격률이 35~40%대에 불과할 정도로 매우 어려워지고 있습니다. 구술 실기시험은 주관기관에서 합격률을 발표하고 있지 않아 정확한 수치를 확인하기 어렵습니다만 총지원자 대비 합격자수를 통해 추산한다면 55~70% 정도일 것으로 보입니다.

▣ 실기 시험 장소는 선택할 수 있나요?

실기·구술 검정은 시험주관기관에 연수원으로 등록된 대학에서 실행됩니다. 그리고 응시자는 실기·구술 접수 과정에서 본인에게 유리한 장소를 선택할 수 있습니다. 다만 교통 등의 조건이 좋은 학교는 경쟁이 치열해서 일찍 마감될 수 있으니 서둘러야 합니다.

▣ 전문과 생활은 다른 문제로 시험을 보나요?

필기는 동일한 문항으로 검정을 치릅니다. 구술과 실기의 경우 검정기관에서 발표한 범위에는 차이가 있지만 실제 후기를 분석하면 동일한 문제로 시험을 치르고 있습니다.

전문 자격증을 따야 하나요? 생활 자격증을 따야 하나요?

전문과 생활은 응시 자격요건이 다릅니다. 그런데 전문 스포츠지도사에 도전할 수 있는 분이라면 생활에도 도전할 수 있습니다. 이 경우 자격증 취득 후 본인의 진로를 구체적으로 고민한 후 판단하시면 됩니다. 엘리트 선수의 지도를 목표로 하신다면 전문, 일반 생활인의 지도를 목표로 하신다면 생활 스포츠지도사 자격증에 도전하시면 되는데, 스포츠지도사 세계의 관행상 전문 스포츠지도사 자격증 소지자는 일반 생활인을 대상으로 강습을 할 수 있는데 비해 생활 스포츠지도사 자격증 소지자는 엘리트 선수를 대상으로 하는 강습을 할 수 없습니다.

졸업예정자는 언제까지 졸업증명서를 제출해야 하나요?

매년 2월말까지 제출해야 하며 미제출시 그 해에 받은 자격검정 및 연수가 취소됩니다.

구술, 실기에 대한 면제 조건이 있나요?

1. 특별과정으로 전문 스포츠지도사에의 응시할 수 있는 자격을 갖춘 '선수'출신은 전문 스포츠지도사에 도전하는 경우 실기검정이 면제됩니다.

2. 정교사 자격을 갖추었거나 전문 스포츠지도사에의 응시할 수 있는 자격을 갖춘 '선수'출신은 생활 스포츠지도사에 도전하는 경우 실기검정이 면제됩니다.

3. 전문 스포츠지도사 자격증을 가진 사람이 생활 스포츠지도사의 동일종목에 도전하는 경우 실기검정은 면제됩니다.

4. 생활·전문·노인 스포츠지도사 자격증을 가지고 있는 사람이 유소년 스포츠지도사의 동일 종목에 도전하는 경우 실기검정은 면제됩니다.

5. 생활·전문·유소년 스포츠지도사 자격증을 가지고 있는 사람이 노인 스포츠지도사의 동일 종목에 도전하는 경우 실기검정은 면제됩니다.

6. 당해연도 시험일 기준 현재, 해당 자격 종목의 국가대표선수(국가대표선수였던 사람을 포함)로서 국제장애인올림픽위원회, 아시아장애인올림픽위원회, 국제스포츠연맹, 국제장애인올림픽위원회스포츠연맹, 국제장애유형별스포츠연맹에서 주최하는 국제대회 중 어느 하나에 참가한 경력이 있는 사람은 장애인 스포츠지도사에 도전하는 경우 실기검정은 면제됩니다.

7. 2008년부터 2011년까지 대한장애인체육회가 실시한 장애인스포츠지도사 연수를 수료한 후, 당해연도 시험일 기준 현재, 장애인을 대상으로 2년간 체육을 지도한 경력이 있는 사람은 장애인 스포츠지도사에 도전하는 경우 실기검정은 면제됩니다.

경력 관련 서류는 언제 제출해야 하나요?

검정주관기관인 체육지도자연수원에서는 매년 검정일정을 발표합니다. 자격 검정 접수기간에 서류를 제출해야 하므로 미리 서류를 준비해 두는 것이 좋습니다.

▣ 필기는 붙었는데 실기에서 떨어졌습니다. 필기부터 다시 시작해야 하나요?

필기 시험에 합격하셨다면, 1년의 유예기간이 주어집니다. 그 다음해까지만 실기·구술을 통과하면 됩니다.

▣ 필기와 실기는 붙었습니다. 연수는 꼭 같은 해에 받아야 하나요?

필기 합격년도를 포함하여 3년 이내에만 받으면 됩니다.

▣ 시험장에는 언제 도착해야 하나요?

실기 검정 순서는 접수 순서와는 다를 수 있습니다. 그러니 반드시 정해진 시간에 미리 시험장에 도착하여 복장을 갖추고 대기하고 있어야 합니다.

2. 보디빌딩 구술·실기 관련

▣ 구술과 실기 문제는 범위가 있나요?

시험 주관기관에서 발표한 범위가 있으며, 매년 조금씩 수정될 수 있습니다. 이 책은 여러분의 합격을 위해 매년 새로 리뉴얼하고 있으니 이 책에 수록된 내용을 바탕으로 준비하시면 됩니다.

▣ 발표된 모든 구술과 실기 문제가 시험장에서 출제될 수 있나요?

그렇지 않습니다. 각 시험장의 조건과 상황에 때라 일부의 문제만 쪽지에 적혀 바구니에 담겨있을 수 있습니다. 그래서 어떤 시험장이든 같은 날짜에 시험을 치른 응시자들의 후기에 거의 유사한 구술문제와 동작들이 등장하는 경우가 많습니다.

▣ 구술과 실기 문제는 심사위원이 정해주나요?

검정장소에는 시험 주관기관에서 발표한 구술과 실기 문제가 담긴 바구니가 있습니다. 그 바구니에서 제비뽑기로 뽑은 쪽지를 심사위원에게 드리고 심사위원이 요구하는 문제에 답을 하거나 동작을 취하는 방식입니다.

▣ 구술시험의 족보가 있는데 답을 그대로 외워야 하나요?

꼭 그럴 필요는 없습니다. 심사위원들은 응시자가 구술 문제가 요구하는 정확한 키워드를 말하는가에 초점을 두어 심사합니다. 그러므로 구술을 준비하는 과정에서 문제의 답을 왜 그렇게 말해야 하는가를 생각하며 외우면 시험장에서 다소 떨리고 당황해도 비교적 정확한 답을 말할 수 있게 될 겁니다.

▣ 구술과 실기는 모두 몇 문제씩이 나오나요?

구술 5문제, 실기 5문제가 출제됩니다. 실기에서는 포징 문제는 반드시 한 문제가 출제되는 점도 유의하셔야 합니다.

구술과 실기 검정 때에 몸이 좋아야 하나요?

스포츠지도사에 도전하는 것이므로 평소 운동으로 단련된 몸을 보여줄 수 있다면 심사위원들의 호감을 얻을 수 있을 겁니다. 하지만 멋진 몸을 가졌다는 이유로 불합격이 합격으로 바뀌거나 그 반대의 경우가 발생하지는 않습니다. 정확한 지식을 가졌는가, 정확한 동작을 구현할 수 있는가가 구술·실기 검정의 핵심이기 때문입니다.

문신이 있는데 어떻게 해야 하나요?

문신을 일부러 과시하려 하지 않는다면 문신이 있다는 이유로 합격을 못 하지는 않습니다.

실기 시험 때 레깅스를 입어도 되나요?

여러분은 스포츠지도사 자격증에 도전하는 응시자입니다. 그리고 주관 기관에서는 응시자가 갖추어야할 복장을 다음과 같이 지정했습니다. 굳이 복장 규정을 어겨서 감점을 당할 이유는 없을 겁니다.

응시자는 다음의 내용을 준비해야 합니다.

1. 상의 – 민소매 런닝, 탑

2. 하의 – 허벅지가 보이는 반바지

3. 운동화

4. 신분증, 수험표 및 준비서류

시험장에는 어떤 장비들이 마련되어 있나요?

1. 덤벨 – 여자 2.5Kg, 남자 5Kg

2. 바벨 – 약 10Kg 중량봉(짧은 봉, 긴 봉)

3. 요가매트

4. 벤치

심사위원 앞에는 혼자 들어가나요?

원칙적으로는 1인이 입장을 해야 합니다. 그러나 검정이 이루어지는 장소와 응시자의 수 등에 따라 다소의 변화가 있기도 합니다.

대기 중에 공부할 수 있나요?

시험장에서는 전자기기는 사용할 수 없지만, 실기와 구술관련 책이나 노트는 본인이 소지하고 공부를 해도 됩니다.

contents

PART

1

Health Trainer

웨이트 트레이닝의 기초

PART 1 웨이트트레이닝의 기초

Chapter 01

보디빌딩
기초이론

1 기본 자세

1. 인체의 근육

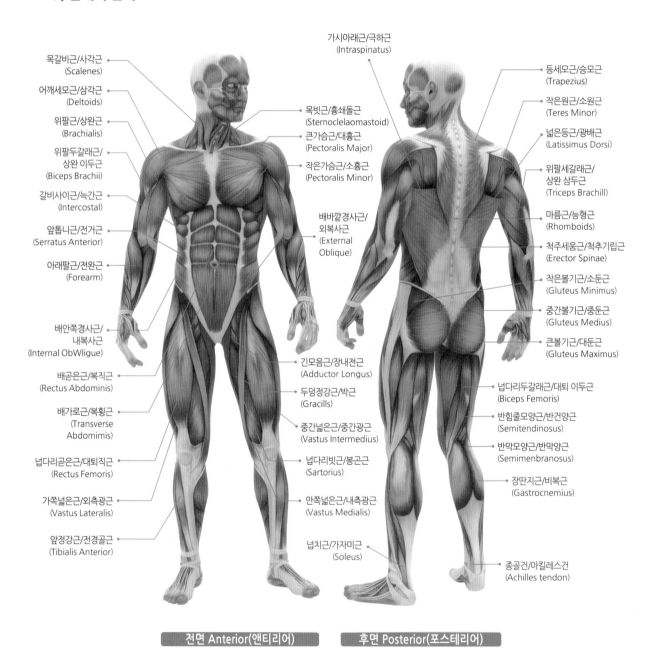

목갈비근/사각근
(Scalenes)

어깨세모근/삼각근
(Deltoids)

위팔근/상완근
(Brachialis)

위팔두갈래근/
상완 이두근
(Biceps Brachii)

갈비사이근/늑간근
(Intercostal)

앞톱니근/전거근
(Serratus Anterior)

아래팔근/전완근
(Forearm)

배안쪽경사근/
내복사근
(Internal ObWligue)

배곧은근/복직근
(Rectus Abdominis)

배가로근/복횡근
(Transverse
Abdomimis)

넙다리곧은근/대퇴직근
(Rectus Femoris)

가쪽넓은근/외측광근
(Vastus Lateralis)

앞정강근/전경골근
(Tibialis Anterior)

가시아래근/극하근
(Intraspinatus)

목빗근/흉쇄돌근
(Sternoclelaomastoid)

큰가슴근/대흉근
(Pectoralis Major)

작은가슴근/소흉근
(Pectoralis Minor)

배바깥경사근/
외복사근
(External
Oblique)

긴모음근/장내전근
(Adductor Longus)

두덩정강근/박근
(Gracills)

중간넓은근/중간광근
(Vastus Intermedius)

넙다리빗근/봉곤근
(Sartorius)

안쪽넓은근/내측광근
(Vastus Medialis)

넙치근/가자미근
(Soleus)

등세모근/승모근
(Trapezius)

작은원근/소원근
(Teres Minor)

넓은등근/광배근
(Latissimus Dorsi)

위팔세갈래근/
상완 삼두근
(Triceps Brachill)

마름근/능형근
(Rhomboids)

척주세움근/척추기립근
(Erector Spinae)

작은볼기근/소둔근
(Gluteus Minimus)

중간볼기근/중둔근
(Gluteus Medius)

큰볼기근/대둔근
(Gluteus Maximus)

넙다리두갈래근/대퇴 이두근
(Biceps Femoris)

반힘줄모양근/반건양근
(Semitendinosus)

반막모양근/반막양근
(Semimenbranosus)

장딴지근/비복근
(Gastrocnemius)

종골건/아킬레스건
(Achilles tendon)

전면 Anterior(앤티리어) **후면 Posterior(포스테리어)**

2. 올바른 자세와 시선 처리

보디빌딩은 운동의 목적에 따라 특정한 기구를 들어 올리고, 잡아당기고 미는 동작을 수행한다. 이때 안정된 자세를 취해야만 근육과 관절에 적절한 부하가 전달되며 부상을 방지할 수 있다.

2.1 올바른 자세 취하기

■ 덤벨 들어 올리기

① 시선은 정면을 주시하면서 머리와 허리를 곧게 세운다. 골반을 뒤로 빼고 앉은 자세로 스탠다드 스탠스와 뉴트럴 그립으로 덤벨을 잡는다.

② 어깨와 팔꿈치, 손목이 흔들리지 않도록 고정하고, 팔은 구부리지 말고 곧게 편다. 하체의 근육을 사용하여 덤벨을 최대한 대퇴부 측면에 스치듯 들어 올린다.

③ 들어 올린 상태에서는 상체를 곧게 유지하고 상체의 견관절과 주관절, 수관절, 하체의 고관절과 슬관절, 족관절을 곧게 편다.

■ 바벨 들어 올리기

① 시선은 정면을 주시하면서 머리와 허리를 곧게 세운다. 골반을 뒤로 빼고 앉은 자세로 스탠다드 스탠스와 뉴트럴 그립으로 바벨을 잡는다.

② 어깨와 팔꿈치, 손목이 흔들리지 않도록 고정하고, 팔은 구부리지 말고 곧게 편다. 하체의 근육을 사용하여 바벨을 최대한 대퇴부 전면에 스치듯 들어 올린다.

③ 들어 올린 상태에서는 상체를 곧게 유지하고 상체의 견관절과 주관절, 수관절, 하체의 고관절과 슬관절, 족관절을 곧게 편다.

■ 일어선 상태에서의 운동 자세

전형적인 선 자세에서의 운동 시 양발의 너비는 어깨 너비 정도로 벌리고(스탠다드 스탠스) 지면에 접촉한 발의 각도는 바깥쪽으로 약간 벌린다.

■ 벤치에서의 운동 자세

벤치에 앉거나 누워서 하는 운동은 상체의 머리, 등, 둔부와 양발 등을 벤치에 잘 밀착시킨 자세로 실시한다.

■ 기계에서 하는 운동 자세

운동을 시작하기 전에 의자와 장비를 조절하여 부상을 예방하고 신체의 주요 근육과 관절에 정확한 자극이 가해지도록 주의한다.

2.2 올바른 시선

웨이트 트레이닝 동작 시에는 시선의 처리에 따라 자세가 달라질 수 있다. 동작에 따른 정확한 시선을 숙지해 둔다. 머리, 등, 허리, 엉덩이가 곧게 유지될 수 있도록 시선을 두는 것이 가장 일반적인 방법이지만 상체를 구부리는 동작(Bent Over)에서는 앞쪽의 바닥을 주시하는 것이 자연스럽다.

3. 보디빌딩의 호흡법

3.1 들숨과 날숨

■ 들숨(흡기)

근육의 길이가 길어지는 신장성 구간에서 호흡을 들이 마신다.

■ 날숨(호기)

근육의 길이가 짧아지는 단축성 구간에서 호흡을 내쉰다.

3.2 스티킹 포인트(Sticking Point)

웨이트 트레이닝에서는 골격근이 수축과 이완을 반복하게 된다. 이때 원심성 단계에서 구심성 단계로 전환한 직후가 가장 힘든 구간이며, 이를 스티킹 포인트라고 한다. 보디빌딩에서는 이 스티킹 포인트에서 날숨(호기)을 하고, 부하가 없는 상태에서 들숨(흡기)을 하는 것이 기본적인 호흡법이다.

3.3 발살바 호흡(Valsalva Maneuver) - 특수한 호흡법

무거운 중량을 들어 올리는 운동의 경우 더 큰 힘을 발휘하기 위해 호흡을 멈추는 경우가 있다. 이를 발살바 호흡법이라고 하며 숙달된 운동자가 큰 부하로 구조적인 운동을 할 때 적절히 척추를 유지하고 지지하는 데 도움을 준다.

■ 방법

무거운 중량을 들어 올릴 때 호흡을 멈추고 힘을 준다. 성문을 닫은 상태로 호흡을 함으로써, 복근과 횡격막이 강하게 수축하여 복강 내압을 높이는 효과가 있다.

■ 특징

척추를 지지하고 상체를 곧게 만들어 근육을 견고하게 유지할 수 있지만, 혈압을 상승시켜 일시적으로 방향감각과 의식을 잃게 만들 수 있다.

4. 그립(Grip)

보디빌딩에서는 기구를 사용하는 동작이 많으며 기구를 잡는 방법에 따라 운동의 효과가 달라진다. 스탠스와 마찬가지로 그립의 정확성도 스포츠 지도사 보디빌딩 실기시험에서는 채점의 중요한 요소가 되므로 정확한 그립을 익혀두어야 한다.

4.1 바를 잡는 방법에 따른 분류

■ 오버핸드 그립(Overhand Grip)

손등이 천장을 향하게 하여 바를 자연스럽게 말아 쥐는 가장 기본적인 그립의 방법이다.

■ 언더핸드 그립(Underhand Grip)

오버핸드 그립과 반대로 손바닥이 천장을 향하게 하여 바를 잡는 방법이다.

■ 패러럴 그립(Parallel Grip) = 뉴트럴 그립(Neutral Grip)

손바닥이 서로 마주보도록 하여 바를 잡는 방법이다.

■ 얼터네이트 그립(Alternate Grip) = 리버스 그립(Reverse Grip)

한 손은 오버핸드 그립, 다른 한 손은 언더핸드 그립으로 엇갈리게 바를 잡는 방법이다. 바를 단단히 고정해서 잡을 수 있어 고중량의 기구를 이용하는 동작에서 활용한다.

■ 훅 그립(Hook Grip)

그립 안에서 바가 돌아갈 수 있도록 엄지손가락을 네 손가락 안으로 말아 넣어서 바를 잡는다.

■ 섬리스 그립(Thumbless Grip)

엄지 손가락을 뺀 나머지 네 개의 손가락으로만 바를 감싸 쥐는 방법이다.

5. 스탠스(Stance)

안정적인 운동 동작을 위해서는 몸의 중심선이 기저면 안쪽에 위치하는 것이 중요하며, 보디빌딩에서 기저면의 넓이는 다리의 넓이(스탠스)에 의해 결정된다.

특히 기구를 사용하여 운동동작을 수행하는 보디빌딩에서 스탠스는 더욱 중요하며, 스포츠지도사 보디빌딩 실기시험에서는 스탠스의 정확성이 채점의 요소이므로 정확한 스탠스를 익혀두어야 한다.

5.1 스탠스(Stance)의 종류

■ 스탠다드 스탠스(Standard Stance)

가장 기본적인 스탠스로 보디빌딩 운동동작의 대부분에 해당한다. 어깨너비 정도로 다리를 벌리고 선다.

■ 와이드 스탠스(Wide Stance)

어깨너비보다 넓게 다리를 벌리고 선다. 허벅지 안쪽의 근육을 강화하기 위한 동작에 사용한다.

■ 내로우 스탠스(Narrow Stance)

어깨너비보다 좁게 다리를 벌리고 선다. 허벅지 뒷부분을 강화하는 운동에 주로 사용한다.

■ 인라인 스탠스(Inline Stance)

양발을 좌우면(양옆)이 아닌 전후면(앞뒤)으로 벌리고 서는 자세이다. 런지 등의 동작에 사용한다.

쉽게 외우는 필수 용어

1. 운동 명칭 관련 용어

- 엑서사이즈(Exercise) – 운동
- 그립(Grip) – 잡다
- 스탠딩(Standing) – 똑바로 서서 (예) 스탠딩 투 암 덤벨 컬
- 싯(Sit) – 앉다, 앉아 있다 (예) 싯 업
- 시티드(Seated) – 앉아서 (예) 시티드 로우(의자, 벤치)
- 라잉(Lying) – 누워서 (예) 라잉 바벨 트라이셉스 익스텐션(벤치, 바닥)
- 행잉(Hanging) – 매달린 (예) 행잉 레그 레이즈
- 프레스(Press) – 밀다 (예) 벤치 프레스
- 로우(Row) – 노를 젓다 (예) 벤트오버 바벨 로우
- 풀(Pull) – 당기다, (예) 풀 업, 풀 오버
- 푸시(Push) – 누르다 (예) 푸시 업
- 플라이(Fly) – 날아가는 것처럼 (예) 플랫 벤치 덤벨 플라이
- 딥(Dip) – 담그다 (예) 벤치 딥, 딥스
- 레이지(Raise) – 올리다, 일으키다 (예) 덤벨 레터럴 레이즈, 레그 레이즈
- 컬(Curl) – 말아올리는 (예) 덤벨 컬, 라잉 덤벨 레그 컬
- 익스텐션(Extension) – 늘어남, 사지를 펴기, 뻗기 (예) 덤벨 트라이셉스 익스텐션, 백 익스텐션
- 슈러그(Shrug) – 어깨를 움츠리는 (예) 바벨 슈러그
- 트위스트(Twist) – 비트는 (예) 트렁크 트위스트, 러시안 트위스트
- 리버스(Reverse) – 반대, 뒷면 (예) 바벨 리버스 컬, 리버스 크런치

2. 근육 관련 용어

- 정점수축(Peak Contraction) – 최대 절정 수축지점에서 2~3초간 긴장한 상태를 유지하는 것
- 주동근(Agonist) – 웨이트 트레이닝시 주로 사용되는 근육
- 길항근(Antagonist) – 주동근의 반대되는 기능을 하는 근육
- 지근섬유(Slow Twitch fiber, ST : Type1) – 적근이라고도 부르며 모세 혈관 밀도 및 마이오글로빈 함유량 높

음. 장시간 지구력 운동 시 주로 사용함

- 속근섬유(Fast Twitch fiber, FT : Type2) – 백근이라고도 부르며 모세혈관 밀도 및 마이오글로빈 함유량 낮음. 단시간 내에 빠르고 강한 순발력성 운동을 할 때 주로 사용함

- 스켈레톤(Skeleton) – 뼈, 골격

- 스켈레탈 머슬(Skeletal Muscle) – 골격근, 이두, 삼두, 대퇴사두 등이 모두 이에 해당

- 수의근(골격근) – 의식에 의해 움직임이 가능한 근육. 골격근

- 불수의근 – 의식과는 무관하게 움직이는 근육. 심장근, 내장근

- 등장성(Isotonic) – 근육의 길이가 변화하며 근육이 수축하는 형태

- 등척성(Isometric) – 근육의 길이가 변화하지 않은 상태에서 근육이 수축하는 형태

- 등속성(Isokinetic) – 관절각이 동일한 속도로 운동하는 수축 형태

- 단축성 수축 (Concentric Contraction) – 근육의 길이가 짧아지면서 장력이 발생하는 형태

- 신장성 수축(Eccentric contraction) – 근육의 길이가 늘어나면서 장력이 발생하는 형태

3. 기구 관련 용어

- 이큅먼트 (Equipment) – 장비

- 플랫(Flat) – 평평한 (예) 플랫 벤치 바벨 프레스

- 인클라인(Incline) – 경사지다 (예) 인클라인 벤치 바벨 프레스

- 디클라인(Decline) – 감소하다, 줄어들다 (예) 디클라인 벤치 바벨 프레스

- 머신(Machine) – 고정되어 있는 웨이트 기구

- 케이블 머신 (Cable Machine) – 부하가 양쪽에 케이블로 고정된 기구

- 프리 웨이트 (Free Weight) – 바벨, 덤벨 등 고정되어 있지 않은 운동기구를 이용한 운동

- 스트랩(Strap) – 운동 보조 도구 중 가장 중요한 보조 도구로, 등이나 이두 운동을 할 때 주로 쓰임

- 중량 벨트 – 스쿼트나 데드리프트 등 고중량을 다루는 운동 시 복강 내 압력을 높여 척추를 보호해주는 역할

MEMO

PART 1 웨이트트레이닝의 기초

Chapter 02

보디빌딩 트레이닝의 원리

웨이트 트레이닝의 원칙

1. 적응의 원칙 (Adaptive Principle)

신체에 운동자극(Motor Stimulus)을 주면 일시적인 적응현상과 장기적인 적응현상이 나타나는데 일시적인 적응현상(Temporary adaptation phenomenon)이란 운동자극을 주다가 그 자극을 멈추면 우리 몸의 생리적인 기능(Physiological function)이 원상태로 되돌아가는 것을 말한다. 이를 반응이라고도 한다. 그에 비해 장기적인 적응현상(Long-period adaptation phenomenon)이란 우리 몸에 장기간의 반복적인 운동자극을 줌으로써 우리 몸에 오래 지속될 생리적인 기능의 변화가 나타나는 것을 의미한다. 트레이닝은 바람직한 적응효과를 위해 과학적·체계적으로 마련된 트레이닝의 방법으로 운동자극을 반복함으로써 인체의 운동능력을 향상시키는 과정인 것이다.

2. 과부하의 원칙 (Overload principle)

인체의 기능을 더 많이 발달시키기 위해서는 일상적인 수준의 강도 이상의 자극이 필요하다. 그런 자극을 일정 기간 계속 반복하여 제공하면 인체의 기능이 서서히 발달하게 되는데 이것을 과부하의 원칙이라고 한다.

이때 과부하라는 단어는 무거운 중량이라는 의미와는 다르며 더 많은 자극을 포함하는 것으로 보아야 한다. 즉, '과부하'에는 많은 중량의 이용, 반복수의 증대, 새로운 동작의 적용, 동작속도의 조절, 새로운 기구의 사용, 운동시간의 조절, 휴식시간의 조절, 가동범위의 조절 등 운동 강도를 결정하는 모든 요소들이 포함된 것이다. 어떤 방법으로든 근육에 가해지는 자극의 강도를 높이기 위한 것이 과부하의 원리이며 이 과정을 통해 근육은 발달하는 것이다.

3. 점증부하의 원칙 (Gradual principle)

근육을 빠르게 발달시키기 위해 한꺼번에 무리하게 운동의 강도를 높이면 신체에는 부담이 따르고 부상의 위험이 생기게 된다. 운동의 강도는 신체가 감당할 수 있을 정도로 서서히 높여야 하는 것이다.

또한 항상 가벼운 단계의 운동을 반복하는 것으로는 신체 기관의 기능의 발달이 발생하지 않으므로 신체가 적응할 수 있는 한계 내에서 운동의 강도는 서서히 높아져야 한다.

점증부하의 원칙은 이와 같은 목적으로 운동의 강도와 양을 단계적으로 증가시키는 것을 의미한다.

4. 반복성의 원칙 (Repetition principle)

단기간에 걸친 일회성 운동으로 발생하는 신체의 변화는 반응이라고 말한다. 반응에 의하여 달라진 신체는 곧바로 원상태로 돌아가기 시작한다. 즉 한 번에 몰아서 하는 운동이나 불규칙적으로 하는 운동은 인체의 기능에 장기적인 발달을 만들지 못하고 오히려 부상의 원인이 되기도 한다.

운동의 장기적인 효과는 규칙적인 반복운동에 의해서만 운동의 효과를 얻을 수 있으며 이를 반복성의 원칙이라 한다.

5. 개별성의 원칙 (Individual principle)

사람마다 각각의 건강 상태, 체력 수준, 기호, 사회적 환경 등은 다를 수밖에 없다. 그러므로 트레이닝을 계획할 때에도 그러한 개인적 특성은 충분히 고려되어야 한다. 특히 신체적, 기질적 특성을 고려하지 않은 채 트레이닝을 하게 되면 운동의 효과가 전혀 나타나지 않거나 반대로 고통과 부상의 원인이 될 수 있다. 따라서 운동은 반드시 각 개인의 차이를 고려하여 이루어져야 하며 이를 개별성의 원칙이라고 한다.

6. 특이성의 원칙 (Singular principle)

사람의 체력을 구성하는 요인에는 심폐지구력, 유연성, 근력 및 근지구력, 신체조성 등이 있다. 트레이닝은 이런 요소들 중 특정한 어떤 요소를 향상시킬 것인지를 결정하고 그에 맞는 운동 양식을 선택해야만 한다.

유연성이 나쁜 사람에게 근력을 향상시키는 웨이트 중심의 운동만을 시킨다면 그 사람의 유연성은 더욱 나빠질 수 있으며, 근력 및 근지구력이 떨어져 있는 사람에게 심폐지구성 운동만을 지도하면 운동의 목적을 달성할 수 없을 것이다.

따라서 그 사람에 맞는 운동의 양식은 반드시 운동 참가자의 신체적인 특성을 정확히 파악하여 문제점을 개선할 수 있는 방향으로 결정해야 한다.

7. 계속성의 원리 (Continual principle)

트레이닝의 효과는 무엇보다 적응현상에 의해 발생한다. 따라서 운동을 지속하지 않거나 불규칙하게 수행하면 운동의 효과를 거두기 어렵게 된다. 운동의 효과는 꾸준한 트레이닝으로만 나타나는 것이다. 운동 시간이 짧더라도 매일 매일 꾸준히 운동에 참여하여 운동을 계속하는 것이 중요하다.

8. 교차전이의 원칙 (Cross-transfer effective principle)

근육에 자극을 주는 트레이닝의 효과는 다른 조직이나 계통에도 나타나게 되는데 이를 교차전이 효과라고 한다. 교차전이가 나타나는 이유는 우리 몸의 각 기관이나 조직이 모두 유기적으로 연결되어 있고 운동신경도 운동자극이 주어지는 근육뿐 아니라 대칭되는 그 반대편 근육에도 영향을 미치고 있기 때문이다.

2 웨이트 트레이닝의 운동의 요소

1. 운동 형태 (Training Shape)

운동의 효과는 운동의 형태에 따라 다르게 나타난다. 그러므로 원하는 효과를 거두기 위해서는 적합한 운동의 형태를 결정하는 것이 중요하다. 하지만 선택한 운동형태가 운동에 참여하는 각 개인에게 적합한 것인가는 다른 문제이다.

개별성의 원칙 (Individual principle)을 고려하지 않고 운동형태를 선택할 경우 개인이 흥미를 느끼지 않거나 운동의 효과가 없거나 부상을 야기할 수 있기 때문이다. 그런 경우 운동이 지속될 수 없고, 운동 효과도 기대할 수 없게 된다.

따라서 운동 종목의 선정은 운동에 대한 개인의 적성, 경험, 환경, 흥미, 여건, 시설, 접근성 등의 여러 조건을 고려하여 선정하여야 하며 질병이나 개인적인 신체상황에 따라 운동의 형태는 달라질 수 있다.

2. 운동강도 (Training intensity)

일반적으로 운동 강도는 트레이닝 과정에서 운동부하를 늘리면 늘릴수록 운동강도는 높아진다. 또한 기구의 중량을 늘려 운동부하를 크게 하지 않더라도 세트 사이의 휴식시간을 단축하거나 횟수를 늘림으로써 운동강도를 높일 수 있다.

초보자라면 가벼운 무게를 선택하여 운동을 하여도 신체에 무리를 줄 수 있으므로 급격하게 운동강도를 높이는데 주의해야 하지만, 중급 이상의 사람이라면 신체를 더욱 발달시키기 위해 자극을 늘리는 일을 고민하게 된다.

그 과정에서 근육에 미치는 부하가 최고점에 닿을 수 있는 만큼의 운동강도를 산출하는 것이 중요해진다.

운동강도는 다음과 같이 산출한다.

> 운동강도(%) 산출법
> 방법 1. 102.8 - 2.78RM (RM : 반복횟수)
> 방법 2. 심박수 이용한 계산법
> > 최대심박수 : 220 - 나이
> > 적정 운동 강도 : (최대심박수 - 안정 시 심박수) (0.5 ~ 0.85) + 안정 시 심박수

다음은 운동강도에 따른 효과를 도표화한 것이다.

최대 근력 %	최대 반복 횟수(RM)	효과
100	1	
90 ~ 99	2 ~ 3	신경의 집중성과 근육의 순발성
80 ~ 89	4 ~ 6	
70 ~ 79	7 ~ 10	근육의 비대
60 ~ 69	11 ~ 15	
50 ~ 59	16 ~ 20	
40 ~ 49	21 ~ 30	근지구력
30 ~ 39	31 이상	

3. 운동시간 (Training Duration)

운동 시간이란 정해진 운동 강도를 얼마나 오래 지속할 것인가의 문제이다. 운동 시간은 일련의 운동을 실시하는 데 소요되는 시간으로 표시하는 것이 원칙이지만, 웨이트 트레이닝에서는 운동 형태에 따라서 세트로 나타내기도 한다.

운동 시간의 결정은 강도, 빈도, 종목, 연령 등의 조건을 고려하여 결정하며 특히 운동 강도가 중요한 변수가 된다.

운동 시간과 운동 강도, Set의 수는 서로 반비례의 관계를 가지므로 운동시간이 짧다면 운동강도와 세트수를 높이고, 운동시간이 길다면 운동강도와 세트수를 줄이는 조절이 필요하다.

4. 운동 빈도 (Training Frequency)

운동 빈도란 운동을 1주일 동안 몇 회에 걸쳐 할 것인가의 문제이다.

운동 빈도는 운동에 참여하는 목적에 따라 달라질 수 있는데 운동을 통해 건강을 관리하고 유지하려는 사람은 최소한 일주일에 두 번 이상 운동에 참여하는 것이 좋으며 가능하다면 3일내지 4일 이상이 바람직하다.

웨이트 트레이닝에서는 중량을 들어올리는 반복수를 운동의 빈도로 표현하기도 한다. 즉 벤치프레스를 할 때 몇 번을 반복할 것인지 또 Set의 수는 몇 회로 할 것인지의 문제이다.

웨이트 트레이닝에서는 자신이 들 수 있는 최대의 무게에 60%정도의 무게를 10~12번의 반복하여 2~3세트 정도를 실시하는 것을 적당한 운동빈도로 본다.

하지만 근파워나 근지구력의 발달을 목적으로 한다면 반복의 횟수가 달라질 수 있다.

근 파워의 발달이 목적이라면 최대 무게의 80%수준에서 6~8회로 3세트 정도가 권장되고, 근지구력의 발달을 목적으로 한다면 최대 무게의 40%수준에서 18~25개로 1세트내지 2세트가 권장된다.

5. 운동기간 (Training Period)

트레이닝을 통해 운동기능이 발달하다가 발달이 정체되는 특정한 시기가 나타난다.

근력 운동에 의한 근력 증가의 정체현상이 나타나는 시기는 10~12주, 유산소 능력은 12~16주, 유연성 향상은 스트레칭을 통해 8~10주 정도이다.

따라서 운동 프로그램을 마련할 때는 정체기가 나타나는 시기를 고려하여야 하며, 계획된 운동 기간이 잘 만료되는 경우에도 운동 효과를 검토하여 운동 프로그램을 재조정 하여야 하는 것이 필요하다.

웨이트 트레이닝의 실제

1. 적절한 중량의 선택

웨이트 트레이닝은 중량을 사용하는 저항 훈련(Resistant Training)이다. 즉, 바벨, 덤벨 등의 중량을 가진 기구를 활용하거나 기구를 사용하지 않더라도 풀업, 딥스, 푸쉬업 등의 경우처럼 자신의 체중을 중량으로 이용하는 것이다.

운동 종류에 따라 적절한 중량은 달라질 수 있는데 덤벨을 이용한 가슴운동이나 덤벨 프레스와 같은 다중관절운동(2가지 이상의 관절이 함께 움직이는 운동)에는 좀 더 무거운 중량을 이용하고, 덤벨 플라이와 같은 단순관절운동(1가지의 관절이 움직이는 운동) 좀 더 가벼운 중량을 이용하는 것이 바람직하다.

즉, 숄더 프레스라면 다중관절운동이므로 좀 더 무거운 중량을, 프런트 레이즈라면 단순관절운동이므로 좀 더 가벼운 중량을 이용한다.

초보자에게는 한번에 8~12회 반복할 수 있는 무게가 근육 성장에 가장 효과적인 반복 횟수가 된다. 그러나 중급자 단계에 이르게 되면 필요에 따라 2~5회 반복만 가능한 더욱 무거운 중량을 사용하기도 하고, 근지구력 훈련을 위해 20회 이상의 가벼운 중량을 선택적으로 사용하는 등 운동의 목적에 따라서도 중량은 달라질 수 있다.

2. 적절한 세트 수의 결정

신체의 특정한 하나의 부위에 대한 운동을 여러 번의 반복을 할 때 그 반복 횟수를 하나의 묶음으로 묶어 세트라고 부른다.

일반적인 웨이트 트레이닝에서는 부위별로 5~15세트 정도를 실시하는 것이 적당하다. 예를 들어 가슴 부위의 운동에서 플랫 벤치 프레스를 5세트, 인클라인 덤벨 프레스를 4세트, 디클라인 덤벨 프레스를 4세트 실시한다면, 총 세트 수는 13세트라고 말한다.

초보자의 경우 한 부위별 10세트 정도 실시하는 것이 적당하지만 부위별 세트 수는 대근육인가 소근육인가에 따라 세트수가 달라질 수 있다. 대근육 부위에는 좀 더 많은 세트 수를, 소근육 부위에는 상대적으로 적은 세트 수를 실시하는 것이 일반적이다.

3. 반복 수

1세트 운동 시 반복 수는 운동 목적이나 체력, 경력에 따라 달라질 수 있다. 그런데 특정한 운동 목적에 맞는 반복 횟수를 정하는 가장 중요한 요소는 어느 정도를 해야 최고점에 도달할 수 있는가의 문제이다.

또한 여러 번의 반복을 통해 한번의 반복으로는 얻지 못하는 자극을 얻어 운동의 효과를 높일 수도 있다. 이처럼 운동부위의 근육의 크기와 운동의 목적에 따라 반복 수를 결정하게 되는 것이다.

■ 근력 증가

가슴 운동과 대퇴근 운동 등 대근육을 사용하고 강화하는 운동이라면 보통 1~4회 반복, 3세트 후 세트 간 3분 휴식이 일반적이다.

■ 근육 성장

근육의 성장을 위해 최고의 자극을 근육에 전달하려면 일반적으로 6~12회 반복이 기본이다. 6~12회의 반복으로 3~5세트 후 세트 간 휴식은 1분 정도를 취한다.

■ 근지구력 발달

근지구력 발달이 목표일 때는 15~30회 반복을 4~6세트 실시하고, 세트 간 40초 정도의 휴식을 실시한다.

4. 세트 사이의 휴식

세트와 세트 사이의 휴식시간은 일반적으로 45~90초 정도가 적당하다. 하지만 좀 더 무거운 중량일 때는 휴식시간을 2분 정도, 최대 중량을 도전할 경우에는 5분 정도까지 늘일 수도 있다.

또한 대근육을 사용하는 다중관절 운동 시에는 휴식 시간을 더 길게 하고, 소근육을 사용하는 단순관절 운동 시에는 휴식시간을 짧게 하는 것이 일반적이다.

5. 트레이닝 부하의 결정

처음 웨이트 트레이닝에 참여한다면 12~15회의 운동동작을 반복했을 때 반복 동작에서 근피로가 발생하는 중량을 적절한 부하로 결정하는 것이 일반적이다.

그렇게 결정된 부하를 바나 머신에 적용하여 올바른 동작으로 최대한 많은 횟수를 반복한다. 근육이 발달하고 운동동작이 숙련되었을 때까지는 12~15회의 반복횟수를 기준으로 중량을 조절한다.

자신이 실행할 수 있는 반복동작의 횟수가 12~15회라면 적절한 트레이닝 부하로 볼 수 있다.

4 트레이닝의 강도 결정

1. 웨이트 트레이닝의 운동강도

■ 자신에게 알맞은 중량 선택 방법

시작 시 무게 = 자신의 체중 x 예상하고 있는 강도 (%)

예) 체중이 80kg이고 60%의 강도(초급자의 경우)로 운동할 경우

80kg×0.6 (60%) = 48kg

■ 10RM으로 1RM 찾는 방법

① 초보자의 경우 자신의 체중의 약 60~65%의 무게를 선택한다.

② 선택한 무게로 약 10회 정도 반복할 수 있도록 한다. 10회 이상 가능하다면 중량을 올려 실시한다.

③ 자신이 선택한 무게로 10회 이내로 반복을 했다면 브르지키 계수를 통해 자신의 IRM을 추정할 수 있다.

■ 브르지키 공식

이 공식은 미국 프린스턴 대학 생활체육학부의 맷 브르지키 교수가 개발한 공식으로 여러 논문이나 기고문에 광범위하게 사용되는 표준 방식이다.

실제로 웨이트 트레이닝을 해 온 사람들의 통계를 통해 만들어진 공식이기 때문에 현실에 적용하기가 쉽다.

[브르지키 계수]

반복수	1	2	3	4	5	6	7	8	9	10
계수값	1.00	1.03	1.06	1.09	1.13	1.16	1.20	1.24	1.29	1.33

참고로 이 표를 보지 않고 한번에 계산하는 공식은 kg중량 / (1.0278 - (0.0278 x 반복횟수))이다.

■ 반복횟수 당 중량 계산법

목표 반복횟수를 위해 필요한 중량을 개인적으로 차이가 있긴 하지만, 순발력(power)을 키우기 위해 웨이트 트레이닝을 한다면, 세트 당 1-3회(보통 3회)를 반복하고 순수 근력힘(strength)을 위해 트레이닝 한다면 4-7회를 반복한다.

또한 근육세포의 비대를 원하게 된다면 6~10회 사이의 반복횟수를 실시하는 것이 바람직하다.

목표수	1	2	3	4	5	6	7	8	9	10
계수값	1.00	0.94	0.91	0.88	0.86	0.83	0.81	0.79	0.76	0.74
목표수	11	12	13	14	15	16	17	18	19	20
계수값	0.72	0.70	0.69	0.68	0.66	0.65	0.64	0.63	0.62	0.61

예를 들어 스쿼트를 100kg으로 10회 한다고 하고, NSCA 공식으로 측정할 때, 1회 최고중량은 141kg이다. 다음 전신의 근력힘을 키우기 위해 스쿼트를 한다고 가정하여 목표 반복횟수를 6회로 잡는다면, 이때의 계수값은 0.831 이다.

즉 141kg x 0.831 = 117kg이 나오게 된다. 따라서 스쿼트로 전신 근력힘을 키우려면 117kg으로 6회한다는 결론을 얻을 수 있다.

2. 유산소 운동의 운동강도

체중감량을 위해 지방을 연소시키거나 심폐기능을 향상시키기 위해서는 유산소 운동이 적합하다. 유산소 운동 시 우리 몸에서 주로 사용되는 에너지는 탄수화물인데 약 20분 이상 운동을 계속하면 지방에 주로 에너지로 전환되어 사용된다.

유산소 운동의 경우 건강과 안전을 위해서는 적절한 운동강도를 카보넨 공식으로 결정한다.

■ 카보넨 (Carvonen) 공식

여유 심박수 (Heart Rate Reserve : HRR)에 운동강도를 결정하는 방법이다.

HRmax (최대심박수) = 220 − 나이
HRR(여유심박수) = HRmax(최대심박수) − Hrrest(휴식시심박수, 안정시심박수)

THR (Target Heart Rate : 목표 심박수)는 여유심박수의 % 값에 안정시 심박수를 더한 값이다.

THR = %(HRR) + HRrest

MEMO

PART

2

Health Trainer

규정
포즈

PART 2 규정 포즈

Chapter 01

남자 보디빌딩
남자 클래식 보디빌딩
클래식 피지크 규정 포즈

프론트 더블 바이셉스
Front double biceps

 세 부 평 가 기 준

① 이두박근과 전완근을 표현하고 있는가?
② 팔의 높이는 어깨보다 같거나 높게 하고 있는가?
③ 가슴이 들리고 가슴근육의 선을 표현하고 있는가?
④ 광배근을 표현하고 있는가?
⑤ 하체에 힘을 지속적으로 유지하여 대퇴근을 표현하고 있는가?

POINT! 남자 보디빌딩 · 클래식 보디빌딩 · 클래식 피지크 공통

▨ 운동 설명

선수는 심판을 향해 정면으로 서서 두 팔을 들어서 두 어깨와 수평을 이루고, 두 팔꿈치를 올려 든다. 두 손은 주먹을 쥔다.
이 포즈에서 제일 중요한 근육 부위는 이두박근과 전완근이다. 이두박근 부위의 근육을 힘껏 수축해야 한다.

프론트 랫 스프래드
Front lat spread

 세 부 평 가 기 준

① 가슴근육의 수축을 표현하고 있는가?
② 하체에 힘을 지속적으로 유지하여 대퇴근을 표현하고 있는가?
③ 심판을 향해 정면으로 서서 발의 간격을 최대 15cm로 유지하고 있는가?

POINT! 남자 보디빌딩 · 클래식 보디빌딩 공통

■ 운동 설명

선수는 심판을 향해 정면으로 서서 두 손을 허리 쪽에 두고 광배근을 힘껏 편다. 동시에 선수는 반드시 전면 근육의 이완과
수축을 조정할 수 있어야 한다.

3 사이드 체스트
Side chest

 세 부 평 가 기 준

① 가슴을 들고 가슴선을 표현하고 있는가?
② 어깨와 이두근을 수축하여 표현하고 있는가?
③ 앞다리를 약간 구부려 대퇴이두근을 표현하고 있는가?
④ 하체를 수축하여 대퇴근을 표현하고 있는가?
⑤ 종아리를 수축하여 비복근을 표현하고 있는가?

POINT! 남자 보디빌딩 · 클래식 보디빌딩 · 클래식 피지크 공통

▦ 운동 설명

선수는 우측 또는 좌측의 자신 있는 가슴근육 쪽을 선택하여 연기한다. 한쪽 다리를 굽혀 다른 쪽 발 앞으로 착지한다. 선수는 가슴을 제치고 심판에게 보여지는 쪽 팔을 힘껏 꺾고 이두박근을 수축하여 울퉁불퉁하게 한다. 동시에 다리의 근육을 수축한다. 특히 이두박근과 종아리 근육을 수축한다.

백 더블 바이셉스
Back double biceps

세 부 평 가 기 준

① 팔의 높이는 어깨보다 같거나 높게 하고 있는가?
② 등 근육을 수축하고 몸이 앞으로 구부러지지 않게 하고 있는가?
③ 한 다리를 뒤로 뻗어 슬와근을 표현하고 있는가?
④ 종아리를 수축하여 비복근을 표현하고 있는가?
⑤ 이두근과 삼각근을 수축하여 표현하고 있는가?

POINT! 남자 보디빌딩 · 클래식 보디빌딩 · 클래식 피지크 공통

▨ 운동 설명

선수는 뒷모습이 심판에게 보이게 서서 두 팔과 팔목 부분을 '포즈 프론트 더블 바이셉스' 동작과 똑같이 한다. 한쪽 다리를 발 앞으로 착지하고, 발꿈치를 쳐든다. 팔과 어깨, 등 근육을 수축하고 허벅다리 종아리도 힘껏 수축한다.

5 백 랫 스프레드
Back lat spread

① 등 근육을 잘 펴고 있는가?
② 등 모양이 V자가 되고 있는가?
③ 발의 간격을 최대 15cm로 유지한 채 두 다리를 곧게 편 상태로 근육을 수축하고 있는가?
④ 종아리를 수축하여 비복근을 표현하고 있는가?
⑤ 팔꿈치는 어깨보다 전방을 향하고 있는가?

POINT! 남자 보디빌딩 · 클래식 보디빌딩 공통

■ 운동 설명

선수는 뒷모습이 심판에게 보이게 서서 두 손을 허리 쪽에 놓는다. 광배근을 가능한 한 힘껏 펴고 종아리도 힘껏 수축한다.

사이드 트라이셉스
Side triceps

① 삼두근을 수축하여 표현하고 있는가?
② 가슴의 모양을 보여주고 있는가?
③ 심판과 가까운 쪽 다리의 무릎을 구부린 상태로 발을 지면 위에 두고, 다른 다리는 뒤로 뺀 채 무릎을 구부려 발가락으로 지탱하며 대퇴부와 비복근을 표현하고 있는가?
④ 전면·측면·후면 삼각근을 동시에 표현하고 있는가?

POINT!   남자 보디빌딩 · 클래식 보디빌딩 · 클래식 피지크 공통

▦ 운동 설명

선수는 자신의 어느 한쪽 팔의 삼두 부분을 택하여 연기한다. 우측 또는 좌측으로 심판을 향해서고 두 손을 몸 뒤쪽에 놓는다. 심판을 향 한쪽의 다리는 반드시 조금 굽혀 다른 쪽 발 앞으로 착지한다. 선수는 앞에 있는 손을 힘껏 수축하고 근육을 과시한다.

업도미널 앤 타이
Abdominal & thighs

① 손은 머리 뒤에 위치하고 있는가?
② 복부를 수축하여 복근을 표현하고 있는가?
③ 이두근을 수축하여 표현하고 있는가?
④ 대퇴근을 수축하여 표현하고 있는가?
⑤ 광배근을 수축하여 표현하고 있는가?

POINT! 남자 보디빌딩 · 클래식 보디빌딩 · 클래식 피지크 공통

■ 운동 설명

선수는 심판을 향해 정면으로 서서 한쪽 다리는 앞으로 빼고, 그다음 복부 근육을 수축하고 몸을 약간 앞으로 하며 손을 깍지 낀 채 머리 뒤로 올리는 동작을 취한다. 동시에 앞으로 뻗은 다리 근육을 수축한다.

8 베큠
Vacuum Pose

① 양손을 머리 뒤에 위치하였는가?
② 양발을 모으고 있는가?
③ 양다리가 대칭을 이루고 있는가?
④ 숨을 내쉬고 복부를 안쪽으로 당기고 있는가?

POINT! 남자 클래식 피지크

■ 운동 설명

심사위원을 향해 정면으로 서서 두 팔을 머리 위에 두고 모은다. 숨을 길게 내쉬고 복부를 안쪽으로 당기고 배꼽을 척추 쪽
으로 당기는 동시에 복횡근, 다리, 몸통 및 팔을 구부린다. 이 포즈에서 복직근은 수축하지 않는다.

PART 2 규정 포즈

Chapter 02

남자 보디빌딩
남자 클래식 보디빌딩
클래식 피지크 쿼터 턴

프론트 포지션
Front Position

세 부 평 가 기 준

① 머리와 눈이 몸과 같은 방향으로 향하고 있는가?
② 발뒤꿈치가 같은 선상에서 간격을 유지하며 양팔은 신체 중심선을 따라 측면에 위치하고 팔꿈치는 약간 구부린 상태로 손바닥이 신체를 바라보게 한 상태로 주먹을 쥐고 있는가?

■ **운동 설명**

바르게 서서 머리와 눈은 몸과 같은 방향으로 일치시킨다. 발뒤꿈치는 같은 선상에서 간격을 15cm 유지하고 발은 바깥쪽으로 벌리고 무릎은 구부리지 않은 채로 배는 안으로, 가슴은 바깥으로, 어깨는 뒤로 빼며 고개를 든다. 양팔은 신체 중심선을 따라 측면에 위치하여 팔꿈치는 약간 구부리고 손바닥은 신체를 바라보게 한 상태로 주먹을 쥔다.

쿼터 턴 레프트
Quarter Turn Left

① 머리와 눈이 몸과 같은 방향으로 향하고 있는가?
② 발뒤꿈치를 모으고 있으며 발을 바깥쪽으로 벌리고 있는가?
③ 좌측 팔은 등 뒤에 신체 중심선에, 우측 팔은 신체 중심선 전방에 위치하여 팔꿈치는 약간 구부리고 손바닥이 신체를 바라본 상태에서 주먹을 쥐고 있는가?

▤ 운동 설명

바르게 서서 머리와 눈은 몸과 같은 방향으로 일치시킨다. 발뒤꿈치를 모은 상태로 발은 바깥쪽으로 벌리고 무릎은 구부리지 않은 채로 배는 안으로, 가슴은 바깥으로, 어깨는 뒤로 빼며 고개를 든다. 좌측 팔은 등 뒤에 신체 중심선에, 우측 팔은 신체 중심선 전방에 위치하여 팔꿈치는 약간 구부리고 손바닥은 신체를 바라보게 한 상태로 주먹을 쥔다.

쿼터턴 백
Quarter Turn Back

세 부 평 가 기 준

① 머리와 눈이 몸과 같은 방향으로 향하고 있는가?
② 발뒤꿈치가 같은 선상에서 간격을 유지하며 양팔은 신체 중심선을 따라 측면에 위치하고 팔꿈치는 약간 구부린 상태로 손바닥이 신체를 바라보게 한 상태로
　주먹을 쥐고 있는가?
③ 무릎 곧게 펴고, 복부는 안으로, 가슴은 바깥으로 어깨는 뒤로, 고개는 들고 있는가?

■ 운동 설명

뒤돌아 바르게 서서 머리와 눈은 몸과 같은 방향으로 일치시킨다. 발뒤꿈치는 같은 선상에서 간격을 15cm 유지하고 발은
바깥쪽으로 벌리고 무릎은 구부리지 않은 채로 배는 안으로, 가슴은 바깥으로, 어깨는 뒤로 빼며 고개를 든다. 양팔은 신체
중심선을 따라 측면에 위치하여 팔꿈치는 약간 구부리고 손바닥은 신체를 바라보게 한 상태로 주먹을 쥔다.

쿼터턴 라이트
Quarter Turn Righ

① 머리와 눈이 몸과 같은 방향으로 향하고 있는가?
② 발뒤꿈치를 모으고 있으며 발을 바깥쪽으로 벌리고 있는가?
③ 우측 팔은 등 뒤에 신체 중심선에, 좌측 팔은 신체 중심선 전방에 위치하여 팔꿈치는 약간 구부리고 손바닥이 신체를 바라본 상태에서 주먹을 쥐고 있는가?

■ 운동 설명

바르게 서서 머리와 눈은 몸과 같은 방향으로 일치시킨다. 발뒤꿈치를 모은 상태로 발은 바깥쪽으로 벌리고 무릎은 구부리지 않은 채로 배는 안으로, 가슴은 바깥으로, 어깨는 뒤로 빼며 고개를 든다. 우측 팔은 등 뒤에 신체 중심선에, 좌측 팔은 신체 중심선 전방에 위치하여 팔꿈치는 약간 구부리고 손바닥은 신체를 바라보게 한 상태로 주먹을 쥔다.

PART 2 규정 포즈

Chapter 03

여자 피지크
보디피트니스 규정 포즈

프론트 더블 바이셉스
Front Double Biceps

① 두 다리(오른쪽 또는 왼쪽 다리를 바깥쪽으로)와 발의 위치(일직선상)는 정확한가?
② 두 팔의 높이(어깨높이)와 팔꿈치가 구부리고 있는 동작이 정확한가?
③ 손과 손가락의 하늘을 향하고 있는가?
④ 최대한 많은 근육을 수축하고 있는가?

■ 운동 설명

몸을 정면으로 서서 오른쪽 또는 왼쪽 다리를 바깥쪽으로 빼고 다리와 발은 일직선상에 둔다. 두 팔을 어깨높이까지 올린 다음 팔꿈치를 구부리고 손을 편 상태에서 손가락은 하늘을 향하게 한다. 전체적인 근육을 수축한다.

2 사이드 체스트
Side Chest

① 심판을 향해 오른쪽 또는 왼쪽으로 비틀게 서 있는가?
② 오른쪽 또는 왼쪽 무릎은 구부리지 않은 채로 다리를 곧게 펴고 있으며 왼쪽 또는 오른쪽 무릎은 살짝 구부리고 있는가?
③ 팔, 팔꿈치 손가락 및 손바닥의 자세 및 위치는 정확한가?
④ 가슴근육, 상완 삼두근, 대퇴 사두근, 대퇴 이두근 및 비복근을 수축하고 있는가?

▣ 운동 설명

선수는 왼팔 또는 오른팔 중 한쪽을 선택한다. 심판을 향해 왼쪽 또는 오른쪽으로 약간 비틀게 서서 배는 안으로 집어넣고 왼쪽 또는 오른쪽 무릎은 구부리지 않은 채로 다리를 앞쪽으로 곧게 펴서 발을 바닥에 내려놓는다. 오른쪽 또는 왼쪽 무릎은 살짝 구부리고 양팔은 신체 앞에 두어 팔꿈치와 손가락을 곧게 펴게 한 채로 손바닥이 아래를 보게 한 다음 양손을 같은 선상에 두거나 한 손을 다른 한 손 위에 올린다. 선수는 가슴근육, 상완 삼두근, 대퇴부 근육 및 비복근을 수축한다.

백 더블 바이셉스
Back Doubl Biceps

① 두 다리(한 발을 뒤에 위치하여 발가락으로 지탱)와 발의 위치는 정확한가?
② 두 팔의 높이(어깨높이)와 팔꿈치는 구부리고 있는 동작이 정확한가?
③ 손과 손가락의 하늘을 향하고 있는가?
④ 삼각근, 등 상하부, 대퇴 이두근 및 비복근을 수축하고 있는가?

▦ 운동 설명

뒤돌아서서 프론트 더블 바이셉스와 마찬가지로 팔을 구부리고 손을 편 상태로 한 발을 뒤에 위치하여 발가락으로 지탱한다. 선수는 삼각근, 등 상하부, 허벅지 및 비복근을 수축한다.

사이드 트라이셉스
Side Triceps

세 부 평 가 기 준

① 오른쪽 또는 왼쪽 측면이 심판을 향해 서 있는가?
② 팔을 등 뒤에 위치시켜 오른쪽 또는 왼쪽 손목을 왼쪽 또는 오른쪽 손으로 잡고 있으며 손과 손가락을 편 상태로 손바닥이 아래 지면과 평행하게 되어 있는가?
③ 오른쪽 또는 왼쪽 무릎을 구부리지 않고 다리를 곧게 펴서 바닥에 내려놓았으며 왼쪽 또는 오른쪽 무릎은 살짝 구부렸는가?
④ 상완 삼두근, 가슴, 복부, 대퇴근부 및 비복근을 수축하고 있는가?

■ 운동 설명

선수는 왼팔 또는 오른팔 중 한쪽을 선택한다. 심판을 향해 왼쪽 또는 오른쪽 측면이 심판을 향하게 서서 심판을 바라보고 가슴은 바깥으로 복부는 안으로 집어넣은 상태로 두 팔을 등 뒤에 위치시키고 왼쪽 또는 오른쪽에 있는 손목을 오른쪽 또는 왼쪽 손으로 움켜잡는다. 왼쪽 또는 오른쪽의 팔꿈치, 손 및 손가락을 편 상태로 손바닥이 아래 지면과 평행이 되게 한다. 왼쪽 또는 오른쪽 무릎은 구부리지 않은 채로 다리를 곧게 펴서 발을 바닥에 내려놓으며 오른쪽 또는 왼쪽 무릎은 살짝 구부린다.

PART 2 규정 포즈

Chapter 04

여자 피지크
보디피트니스 쿼터 턴

프론트 포지션
Front Position

세 부 평 가 기 준

① 머리와 눈이 몸과 같은 방향으로 향하고 있는가?
② 발뒤꿈치를 모으고 있으며 발은 바깥쪽으로 향하고 있는가?
③ 무릎 곧게 펴고, 복부는 안으로, 가슴은 바깥으로 어깨는 뒤로 뺐는가?

■ 운동 설명

바르게 서서 머리와 눈은 몸과 같은 방향으로 일치시킨다. 발뒤꿈치를 모은 상태로 발은 바깥 쪽으로 향하고 무릎은 구부리지 않은 채로 배는 안으로, 가슴은 바깥으로, 어깨는 뒤로 뺀다. 양팔은 신체 중심선을 따라 측면에 위치하여 팔꿈치는 약간 구부리고 손바닥은 신체를 바라보게 한 상태로 약간 떨어뜨리고 손은 오므린다.

2 쿼터턴 라이트
Quarter Turn Right

① 머리와 눈이 몸과 같은 방향으로 향하고 있는가?
② 발뒤꿈치를 모으고 있으며 발은 바깥쪽으로 향하고 있는가?
③ 좌측 팔은 등 뒤에 신체 중심선에, 우측 팔은 신체 중심선 전방에 위치하여 팔꿈치는 약간 구부리고 손바닥은 신체를 바라보게 한 상태로 손은 오므리고 있는가?

▨ 운동 설명

바르게 서서 머리와 눈은 몸과 같은 방향으로 일치시킨다. 발뒤꿈치를 모은 상태로 발은 바깥 쪽으로 향하고 무릎은 구부리지 않은 채로 배는 안으로, 가슴은 바깥으로, 어깨는 뒤로 뺀다. 좌측 팔은 등 뒤 신체 중심선에, 우측 팔은 신체 중심선 전방에 위치하여 팔꿈치는 약간 구부리고 손바닥은 신체를 바라보게 한 상태로 손은 오므린다.

POINT! 왼쪽 측면이 심판을 향함

쿼터턴 백
Quarter Turn Back

① 머리와 눈이 몸과 같은 방향으로 향하고 있는가?
② 발뒤꿈치를 모으고 있으며 발은 바깥쪽으로 향하고 있는가?

■ 운동 설명

뒤돌아 바르게 서서 머리와 눈은 몸과 같은 방향으로 일치시킨다. 발뒤꿈치를 모은 상태로 발은 바깥쪽으로 향하고 무릎은 구부리지 않은 채로 배는 안으로, 가슴은 바깥으로, 어깨는 뒤로 뺀다. 양팔은 신체 중심선을 따라 측면에 위치하여 팔꿈치는 약간 구부리고 손바닥은 신체를 바라보게 한 상태로 약간 떨어뜨리고 손은 오므린다.

쿼터턴 라이트
Quarter Turn Right

 세 부 평 가 기 준

① 머리와 눈이 몸과 같은 방향으로 향하고 있는가?
② 발뒤꿈치를 모으고 있으며 발은 바깥쪽으로 향하고 있는가?
③ 우측 팔은 등 뒤 신체 중심선에, 좌측 팔은 신체 중심선 전방에 위치하여 팔꿈치는 약간 구부리고 손바닥은 신체를 바라보게 한 상태로 손은 오므리고 있는가?

■ 운동 설명

바르게 서서 머리와 눈은 몸과 같은 방향으로 일치시킨다. 발뒤꿈치를 모은 상태로 발은 바깥 쪽으로 향하고 무릎은 구부리지 않은 채로 배는 안으로, 가슴은 바깥으로, 어깨는 뒤로 뺀다. 우측 팔은 등 뒤 신체 중심선에, 좌측 팔은 신체 중심선 전방에 위치하여 팔꿈치는 약간 구부리고 손바닥은 신체를 바라보게 한 상태로 손은 오므린다.

POINT! 오른쪽 측면이 심판을 향함

PART 2 규정 포즈

Chapter 05

여자 비키니 피트니스 쿼터 턴

프론트 포지션
Front Position

① 바르게 서서 머리와 눈이 몸과 같은 방향을 바라보고 있는가?
② 한 손은 엉덩이 위에 두고, 다른 한 손은 몸 옆에 자연스레 늘어뜨리고 손을 편 상태로 미적으로 보이게 하는가?
③ 무릎을 구부리지 않고, 복부를 끌어당기고 가슴을 세우고 어깨는 폈는가?

▦ 운동 설명

바르게 서서 머리와 눈은 몸과 같은 방향을 바라보고 있어야 하며 한쪽 팔은 엉덩이 위에 올려놓고 한쪽 다리는 약간 앞쪽 옆에 놓는다. 다른 손은 신체를 따라 약간 측면에 늘어뜨리고 손을 펴서 손가락을 곧게 편 상태로 미적으로 보이게 한다. 무릎은 구부리지 않고 복부는 안쪽으로, 상체를 앞으로, 어깨는 뒤로 뺀다.

2 쿼터턴 라이트
Quarter Turn Right

세 부 평 가 기 준

① 측면이 심판을 향한 상태에서 상체를 돌려 심판을 바라보고 있는가?
② 심판으로부터 가까운 엉덩이를 약간 올리고 있는가?
③ 심판으로부터 가까운 팔은 약간 뒤쪽 신체 중심선에 위치하여 손을 편 상태로 미적으로 보이게 하는가?
④ 심판으로부터 먼 팔을 엉덩이 위에 올리고 있는가?

■ 운동 설명

왼쪽 측면이 심판을 향하게 되며 심판을 바라보기 위해서 상체를 약간 돌려야 한다. 오른손은 오른쪽 엉덩이 위에 올리고
왼쪽 팔은 약간 뒤쪽 신체 중심선 부근에 위치시켜 고정하고 손바닥이 보이게 손가락을 곧게 편 상태로 미적으로 보이게
한다. 왼쪽 엉덩이는 약간 올리고 왼쪽 무릎(심판 쪽에서 가까운)은 약간 구부리고 왼쪽 발을 2cm 앞으로 움직여 발가락을
바닥에 내려놓는다.

POINT! 왼쪽 측면이 심판을 향함

쿼터턴 백
Quarter Turn Back

세 부 평 가 기 준

① 상체를 숙이지 않고 바르게 서 있는가?
② 한 손을 엉덩이 위에 올려놓고 있는가?
③ 다른 손은 신체를 따라 약간 측면에 늘어뜨리고 손을 편 상태로 미적으로 보이게 하는가?
④ 무릎은 구부리지 않고 복부는 안쪽으로 상체는 앞으로 어깨는 뒤로 뺀 상태로 위치하고 있는가?
⑤ 등 하부를 자연스럽게 만곡 시키거나 약간 척추전만의 자세를 취하고 있는가?
⑥ 등 상부는 곧게 펴고 고개는 심판을 바라보지 않고 정면(무대 뒤쪽)을 향하고 있는가?

▦ 운동 설명

바르게 선 상태로 한 손은 엉덩이 위에 올려놓고 한쪽 다리는 약간 측면에 둔다. 다른 손은 신체를 따라 늘어뜨리고 손가락을 편 상태로 미적으로 보이게 한다. 무릎은 구부리지 않으며 복부는 안쪽으로, 상체는 앞으로 어깨는 뒤로 뺀다. 등 하부는 자연스럽게 만곡 시키거나 약간 척추전만의 자세를 취하고 등상부는 곧게 편 상태로 고개를 든다.

4 쿼터턴 라이트
Quarter Turn Right

① 측면이 심판을 향한 상태에서 상체를 돌려 심판을 바라보고 있는가?
② 심판으로부터 가까운 엉덩이를 약간 올리고 있는가?
③ 심판으로부터 가까운 팔은 약간 뒤쪽 신체 중심선에 위치하여 손을 편 상태로 미적으로 보이게 하는가?
④ 심판으로부터 먼 팔을 엉덩이 위에 올리고 있는가?

▦ 운동 설명

오른쪽 측면이 심판을 향하게 되며 심판을 바라보기 위해서 상체를 약간 돌려야 한다. 왼손은 왼쪽 엉덩이 위에 올리고 오른쪽 팔은 약간 뒤쪽 신체 중심선 부근에 위치시켜 고정하고 손바닥이 보이게 손가락을 곧게 편 상태로 미적으로 보이게 한다. 오른쪽 엉덩이는 약간 올리고 오른쪽 무릎(심판 쪽에서 가까운)은 약간 구부리고 오른쪽 발을 2cm 앞으로 움직여 발가락을 바닥에 내려놓는다.

POINT! 오른쪽 측면이 심판을 향함

Health Trainer

실기
동작

PART 3 실기 동작

Chapter 01

상체
가슴, 팔

1

바벨 벤치 프레스
Barbell Bench Press

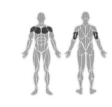

운동 부위

• 주동근 : 대흉근
• 협응근 : 전면 삼각근,
  상완 삼두근

▨ 운동 설명

대흉근과 소흉근은 물론 삼두근까지 강화할 수 있는 대표적인 운동. 덤벨 벤치 프레스에 비해 무거운 중량을 들어 올릴 수 있다.

▨ 운동 방법

01 플랫 벤치에 바로 누워 바벨을 오버핸드 그립으로 잡고 가슴 중앙에 위치하도록 한다. 양 발을 바닥에 밀착시켜서 허리를 들고 엉덩이와 등이 닿게 하여 상체가 흔들리지 않도록 한다.

02 바벨을 가슴 중앙으로 천천히 내리며 호흡을 들이 마신다. 가슴 근육에 힘을 주어 바벨을 들어 올리며 호흡을 내쉰다.

NG 덤벨을 든 손과 팔꿈치가 수직선 안에서 움직이도록 주의한다.

심·사·포·인·트

❶ 등 전체를 벤치에 붙이고 발과 머리는 흔들리지 않도록 고정한다.

❷ 바를 잡은 손목이 꺾이거나 바벨을 내렸을 때 팔꿈치가 머리 쪽으로 올라가지 않도록 주의한다.

덤벨 벤치 프레스
Dumbbell Bench Press

세·부·평·가·기·준

① 어깨는 고정되어 있는가?
② 덤벨을 올릴 때 가슴을 수축하고 있는가?
③ 팔은 정확히 밀고 있는가?
④ 호흡은 덤벨을 내릴 때 들이마시고 올릴 때 내뱉고 있는가?

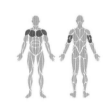

운동 부위

• 주동근 : 대흉근
• 협응근 : 전면 삼각근,
  상완 삼두근

운동 설명

가슴 근육 강화 운동으로 바벨 벤치 프레스에 비해 가동범위가 넓은 운동이다. 양손이 분리되어 있어 균형을 잘 잡고 실시한다.

운동 방법

01 플랫 벤치에 바로 누워 덤벨을 오버핸드 그립으로 잡는다. 덤벨을 가슴 근육에 긴장을 유지하면서 천천히 내리고 호흡을 들이 마신다.

02 가슴 근육의 긴장을 유지하며 처음 자세로 밀어 올리며 호흡을 내쉰다. 처음 동작으로 돌아오면서 호흡을 들이마시고, 다시 가슴 위로 밀어 올리며 호흡을 내쉰다.

NG 덤벨이 몸통 밖으로 과도하게 빠지지 않게 실시한다.

심·사·포·인·트

❶ 몸이 흔들리지 않도록 골반과 등을 벤치에 잘 밀착시킨다.
❷ 동작 시 손과 팔꿈치는 수직의 일직선상에 위치하도록 균형을 유지하며 수행한다.

덤벨 플라이
Dumbbell Fly

① 어깨는 고정되어 있는가?
② 덤벨을 올릴 때 가슴을 수축하고 있는가?
③ 주관절의 굽힘 정도가 적정한가?

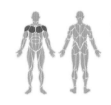

운동 부위

• 주동근 : 대흉근
• 협응근 : 전면 삼각근,
  상완 삼두근

▣ 운동 설명

대흉근 상부를 뚜렷하게 만들어 가슴의 라인을 만드는 운동이다.

▣ 운동 방법

01 벤치 프레스와 같은 자세로 플랫 벤치에 눕고 덤벨을 들어 팔을 가슴 앞쪽으로 펴준다. 덤벨을 쥔 손바닥이 비스듬히 마주하도록 한다.

02 호흡을 들이 마시며 상완이 바닥과 수평을 이룰 때까지 서서히 양팔을 벌린다. 다시 모아 줄 때 큰 원을 그리며 처음 동작으로 돌아와 가슴 근육을 수축하며 호흡을 내쉰다.

❶ 어깨를 잘 고정하고 덤벨을 올리는 2/3의 지점에서 가슴을 수축한다.
❷ 동작 시 손과 팔꿈치는 수직의 일직선상에 위치하도록 균형을 유지하며 수행한다.

덤벨 풀오버
Dumbbell Pull-over

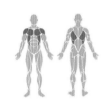

운동 부위
- 주동근 : 대흉근
- 협응근 : 전면 삼각근,
  상완 삼두근, 전거근

▣ 운동 설명

가슴과 삼두근을 자극하면서 동시에 전거근, 광배근까지 동원되기 때문에 상체 전반을 키우는 데 효과적인 운동이다.

▣ 운동 방법

01 벤치에 바로 누운 상태에서 덤벨을 양손으로 모아 잡고 팔꿈치를 바르게 펴서 덤벨을 가슴 위로 들어 올린다.

02 호흡을 들이 마시며 가슴이 이완되게 머리 위쪽 정수리 방향으로 덤벨을 끌어 내린다. 가슴 근육에 긴장이 풀리지 않게 돌아오며 호흡을 내쉰다.

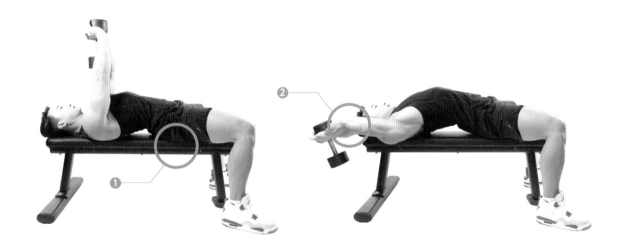

심·사·포·인·트

❶ 동작시 골반이 반드시 벤치에 밀착되어 있어야 한다.
❷ 동작시 팔꿈치가 움직이지 않도록 잘 고정한다.

클로즈 그립 푸쉬업
Close Grip Push Up

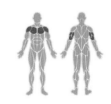

운동 부위

- 주동근 : 대흉근
- 협응근 : 전면 삼각근, 상완 삼두근

운동 설명

가슴 안쪽 근육과 삼두근을 자극하는 운동이다.

운동 방법

01 손을 삼각형 모양으로 짚고 몸이 내려왔을 때 명치 정도에 위치하도록 한다.

02 팔을 굽혀 천천히 내리며 숨을 들이쉬고, 전신이 일직선을 유지하며 팔꿈치를 곧게 펴 몸을 들어 올리며 숨을 내쉰다.

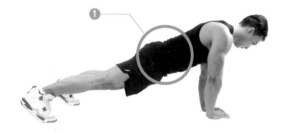

NG 엉덩이가 몸통에 비해 지나치게 올라가지 않도록 주의한다.

심 · 사 · 포 · 인 · 트

❶ 상체와 엉덩이가 일직선을 유지하도록 주의한다.

❷ 손이 벌어지면 팔꿈치가 몸에서 멀어지게 되어 감점의 요인이 된다. 여성 도전자의 경우 무릎을 꿇고 동작을 취해도 되지만 가급적 남성과 동일한 자세로 동작을 취한다.

푸쉬업
Push Up

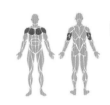

<세 부 평 가 기 준>

① 그립을 어깨너비에 위치하였는가?
② 밀어 올리는 단계에 대흉근의 수축이 일어나는가?
③ 운동하는 동안에 몸통이 고정되어 있는가?
④ 머리, 어깨, 골반, 무릎, 발목을 일직선으로 유지하는가?

운동 부위

• 주동근 : 대흉근
• 협응근 : 전면 삼각근,
  상완 삼두근

■ 운동 설명

자신의 몸무게를 이용하여 대흉근과 상완삼두근을 강화하는 운동이다.

■ 운동 방법

01 손을 어깨너비로 짚고 머리, 등, 엉덩이가 일직선을 만든다.

02 팔을 굽혀 천천히 내리며 숨을 들이쉬고, 전신이 일직선을 유지하며 팔꿈치를 곧게 펴 몸을 들어 올리며 숨을 내쉰다.

NG 엉덩이가 몸통에 비해 지나치게 올라가지 않도록 주의한다.

심·사·포·인·트

❶ 팔을 펴 몸을 올렸을 때 골반, 허리, 등이 일직선을 유지해야 한다.
❷ 여성 도전자의 경우 무릎을 꿇고 수행하는 것을 허용하지만 정확한 동작을 보여주는 것이 좋다.

덤벨 컬
Dumbbell Curl

세 부 평 가 기 준

① 팔꿈치가 어깨 뒤로 빠지지 않게 하고 있는가?
② 팔꿈치가 움직이지 않도록 고정시키고 있는가?
③ 덤벨을 올릴 때 호흡을 내쉬고 있는가?

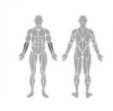

운동 부위
• 주동근 : 상완 이두근
• 협응근 : 전완근

■ 운동 설명

덤벨을 사용하는 대표적인 상완 이두근 강화 운동. 양손을 분리하여 운동하므로 밸런스 강화에 효과적이다. 두 팔을 함께 동작하면 투암 덤벨컬, 한 팔만 하면 원암 덤벨컬이다. 양팔을 번갈아 가면 동작을 하면 얼터네이트 덤벨컬이 된다.

■ 운동 방법

01 양 발은 안정되게 어깨너비로 벌리고 덤벨을 양손에 언더 그립으로 잡는다.

02 양 팔꿈치를 고정시킨 채 상완 이두근에 집중하면서 천천히 덤벨을 들어 올리며 호흡을 내쉰다. 이두근의 긴장을 풀지 않고 끝까지 수축시킨 후 버티면서 천천히 내리며 호흡을 들이 마신다.

NG 몸이 앞이나 뒤로 과도하게 기울어지지 않도록 주의한다.

심·사·포·인·트

❶ 몸이 흔들리거나 뒤로 젖혀지지 않도록 주의하며 수행한다. 반동을 이용하는 것도 자제한다.

8 해머 컬
Hammer Curl

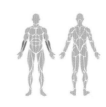

운동 부위

• 주동근 : 상완 이두근
• 협응근 : 전완근

▢ 운동 설명

덤벨을 뉴트럴그립으로 잡고 하는 동작으로 상완 요골근과 상완근 강화에 효과적이다. 두 팔을 함께 동작하면 투암 해머 컬, 한쪽 팔만 하면 원암 해머컬이 된다.

▢ 운동 방법

01 양 발을 어깨너비로 벌리고 서서 양팔을 자연스럽게 위 치시킨 후 덤벨을 손바닥이 마주하도록 잡는다.

NG 몸이 앞이나 뒤로 과도하게 기울어지지 않도록 주의한다.

02 양 팔꿈치를 고정시킨 채 덤벨을 위로 망치질하듯 들어 올린다. 위로 올린 후 상완이두근의 긴장을 유지하면서 호흡을 내쉰다. 천천히 근육을 이완시키며 처음 동작으 로 돌아오며 호흡을 들이 마신다.

심 · 사 · 포 · 인 · 트

❶ 덤벨컬과 같지만 덤벨을 쥐는 방향이 중립그 립의 형태여야 한다.
❷ 몸이 흔들리거나 뒤로 젖혀지지 않도록 잘 고정하고 수행한다.

바벨 컬
Barbell Curl

① 바를 잡는 양손의 간격이 어깨너비 정도인가?
② 팔꿈치가 어깨 뒤로 빠지지 않게 하고 있는가?
③ 팔꿈치가 움직이지 않도록 고정시키고 있는가?
④ 바를 들어 올릴 때 호흡을 내쉬고 있는가?

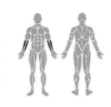

운동 부위

- 주동근 : 상완 이두근
- 협응근 : 전완근

▦ 운동 설명

바벨을 이용하는 대표적인 상완 이두근 강화 운동. 벤치에 앉아 상완을 고정하고 실시하기도 한다.

▦ 운동 방법

01 언더 그립으로 바벨을 잡고 전완이 흔들리지 않도록 허벅지에 고정시킨다.

02 바벨을 떨어뜨리지 않도록 잘 잡은 상태에서 손목을 최대한 위쪽으로 들어 올리고 내리는 동작을 천천히 반복한다.

 NG 몸이 앞이나 뒤로 과도하게 기울어지지 않도록 주의한다.

심 · 사 · 포 · 인 · 트

❶ 이두근을 잘 수축할 수 있도록 팔꿈치를 옆구리 선에 잘 고정한 후 천천히 수행한다.

❷ 몸이 흔들리거나 뒤로 젖혀지지 않도록 주의하며 수행한다.

원 암 덤벨 컨센트레이션 컬
One-Arm Dumbbel Concentration Curl

① 손바닥이 앞을 보도록 덤벨을 잡고 벤치에 앉아있는가?
② 팔꿈치를 대퇴부 안쪽에 고정하였는가?
③ 숨을 내쉬면서 팔꿈치를 구부려 전완을 들어 올리며 다시 시작자세로 돌아오며
　숨을 들이마시는가?

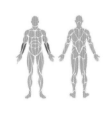

운동 부위

• 주동근 : 상완 이두근
• 협응근 : 전완근

▣ 운동 설명

무릎에 팔꿈치를 고정하고 하는 상완 이두근 운동. 팔꿈치의 반동이 없도록 고정하고 하므로 이두근에 대한 집중을 높일 수 있다.

▣ 운동 방법

01 덤벨을 한 손으로 잡고 팔꿈치를 무릎 안쪽에 대어 상체를 고정시킨다.

02 상완 이두근에 집중하면서 덤벨을 최대한 들어 올리며 호흡을 내쉰다. 이두근에 긴장을 유지하면서 천천히 시작자세로 돌아가며 호흡을 들이 마신다.

심 · 사 · 포 · 인 · 트

❶ 이두근에 집중해야 하는 동작이니 특히 팔이 흔들리지 않도록 주의하며 수행한다.

11 리버스 바벨 컬
Reverse Barbell Curl

① 서서 오버그립으로 바벨을 잡았는가?
② 숨을 내쉬면서 팔꿈치를 굽혀 바벨을 들어 올리고 다시 내리면서 숨을 들이마시는가?
③ 팔꿈치가 움직이지 않도록 고정시키고 있는가?

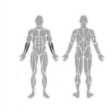

운동 부위
• 주동근 : 상완 이두근
• 협응근 : 전완근

■ 운동 설명

오버그립 바벨컬이라고도 한다. 이두근뿐 아니라 전완근까지 동시에 단련을 할 수 있다. 다른 프레스 동작이나 데드리프트 등의 운동을 수행하는 데에도 도움이 된다.

■ 운동 방법

01 양 발을 어깨너비로 벌리고 바닥에 고정시킨 후 바벨을 오버그립으로 잡는다.

02 양 팔꿈치를 고정시킨 채 상완 이두근에 집중하면서 천천히 바벨을 들어 올리며 호흡을 내쉰다. 이두근의 긴장을 풀지 않고 끝까지 수축시킨 후 버티면서 천천히 내리며 호흡을 들이 마신다.

심·사·포·인·트

❶ 허리에 반동이 생기거나 몸이 뒤로 젖혀지지 않도록 주의한다.

12 얼터네이트 덤벨 컬
Alternate Dumbbell Curl

① 팔꿈치가 어깨 뒤로 빠지지 않게 하고 있는가?
② 팔꿈치가 움직이지 않도록 고정시키고 있는가?
③ 덤벨을 올릴 때 호흡하고 있는가?
④ 양팔을 교대로 들어 올리는가?

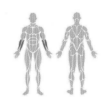

운동 부위
- 주동근 : 상완 이두근
- 협응근 : 전완근

■ 운동 설명

덤벨컬과 기본적인 동작은 같으며 양팔을 번갈아 가며 실시한다는 점만 다르다. 한쪽 팔에만 집중을 하게 되어 운동의 효율이 높다.

■ 운동 방법

01 양 발을 어깨너비로 벌리고 바닥에 고정시킨 후 덤벨을 양손에 언더그립으로 잡는다.

02 팔꿈치를 고정시킨 채 상완 이두근에 집중하면서 천천히 덤벨을 한쪽 팔씩 들어 올린다. 이두근의 긴장을 풀지 않고 끝까지 수축시킨 후 호흡을 내쉬고 이두근으로 버티면서 천천히 덤벨을 내린다. 같은 동작을 교대로 실시한다.

NG 덤벨을 들어올리는 손이 흔들리지 않도록 주의한다.

심·사·포·인·트

❶ 몸이 흔들리거나 뒤로 젖혀지지 않도록 주의하며 수행한다.

13 얼터네이트 해머 컬
Alternate Hammer Curl

세부평가기준

① 덤벨을 뉴트럴그립으로 잡았는가?
② 팔꿈치가 어깨 뒤로 빠지지 않게 하고 있는가?
③ 팔꿈치가 움직이지 않도록 고정시키고 있는가?
④ 덤벨을 올릴 때 호흡을 하고 있는가?
⑤ 양팔을 교대로 들어 올리는가?

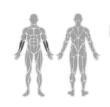

운동 부위
• 주동근 : 상완 이두근
• 협응근 : 전완근

■ 운동 설명

해머컬과 기본적인 동작은 같으며 양팔을 번갈아 가며 실시한다는 점만 다르다.

■ 운동 방법

01 양 발을 어깨너비로 벌리고 바닥에 고정시킨 후 덤벨은 각각 양손에 뉴트럴그립으로 잡는다. 팔꿈치를 고정시킨 채 상완이두근에 집중하면서 천천히 덤벨을 들어 올린다.

02 들어올릴 때 이두근의 긴장을 끝까지 유지하고 수축시킨 후 호흡을 내쉰다. 내릴 때는 이두근으로 버티면서 천천히 시작 자세로 돌아오며, 한 팔의 동작이 마무리된 후 다른 쪽 팔을 들어올린다.

 몸이 앞이나 뒤로 과도하게 기울어지지 않도록 주의한다.

심·사·포·인·트

❶ 해머 컬이므로 중립그립으로 잡는다.
❷ 팔과 상체가 흔들리지 않도록 주의하며 천천히 실시한다.

14

원 암 덤벨 리스트 컬
One-Arm Dumbbell Wrist Curl

세·부·평·가·기·준

① 벤치에 앉거나 대퇴부에 팔을 올려놓은 다음 언더그립으로 덤벨을 잡았는가?
② 숨을 내쉬며 손목을 올리고, 손목을 내리면서 숨을 들이쉬는가?
③ 팔꿈치가 움직이지 않도록 고정시키고 있는가?

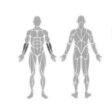

운동 부위
• 주동근 : 전완근

운동 설명

덤벨을 이용하는 대표적인 전완근 강화운동. 덤벨 리스트컬이라고도 한다.

운동 방법

01 덤벨을 언더그립으로 잡고 벤치에 앉은 후 전완을 대퇴부에 올리고 손목을 내려뜨린다.

02 손바닥이 몸통을 향하도록 손목을 위로 구부리며 덤벨을 감아올린 후 내리는 동작을 천천히 반복한다.

POINT! 벤치에 팔을 올린 자세로 실시할 수도 있다.

심·사·포·인·트

❶ 팔이 흔들리지 않도록 허벅지에 잘 고정하고 수행하여 아래팔의 굴근에만 자극이 가도록 수행한다.

15 바벨 리스트 컬
Barbell Wrist Curl

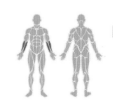

운동 부위

• 주동근 : 전완근

운동 설명

바벨을 이용하는 대표적인 전완근 강화운동이다.

운동 방법

01 벤치에 앉아 대퇴부를 팔에 고정시키고 바벨을 언더그립으로 잡은 후 아래로 내린다.

02 손목을 위로 구부리면서 손바닥이 몸통을 향하도록 바벨을 감아올린 후 내리는 동작을 천천히 반복한다.

심·사·포·인·트

❶ 팔이 흔들리지 않도록 허벅지에 잘 고정한다. 아래팔의 굴근에만 자극이 가도록 수행한다.

16 원 암 덤벨 트라이셉스 익스텐션
One-Arm Dumbbell Triceps Extension

① 팔꿈치가 고정되어 있는가?
② 덤벨이 내려갈 때 팔꿈치의 각도가 90도까지 내리는가?
③ 팔꿈치를 펼 때 호흡을 내쉬는가?

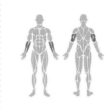

운동 부위

• 주동근 : 상완 삼두근
• 협응근 : 전완근

■ 운동 설명

한 손으로 덤벨을 잡고 실시하는 상완 삼두근 운동이다.

■ 운동 방법

01 양 발을 어깨너비만큼 벌려 바닥에 고정시키고 선다. 덤벨을 잡은 팔의 팔꿈치를 귀에 최대한 가까이 붙여서 고정시킨다.

02 상완삼두근에 최대한 집중하면서 덤벨을 들어 올리며 호흡을 내쉰다. 팔꿈치가 완전히 펴지는 위치까지 올리고 삼두근의 긴장을 유지하면서 천천히 시작자세로 돌아오며 호흡을 들이 마신다.

 NG 팔꿈치가 완전히 펴지는 위치까지 팔을 충분히 들어올린다.

❶ 팔꿈치가 흔들리지 않도록 고정한 상태에서 실시한다.
❷ 허리가 지나치게 젖혀지지 않도록 주의한다.

17 스탠딩 바벨 트라이셉스 익스텐션
Standing Barbell Triceps Extension

① 서서 허리는 곧게 세우며 펴고 있는가?
② 양손의 간격을 어깨너비보다 좁게 하고 있는가?
③ 바벨을 머리 뒤쪽으로 내리고 있는가?
④ 바벨을 잡은 상완이 지면과 수직이 되도록 하였는가?
⑤ 바를 내릴 때 숨을 들이마시고 올릴 때 내뱉고 있는가?

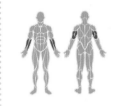

운동 부위

• 주동근 : 상완 삼두근
• 협응근 : 전완근

▣ 운동 설명

바벨을 이용하여 서서 하는 삼두근 강화운동이다.

▣ 운동 방법

01 양 발을 어깨 넓이로 서서 바를 오버 그립으로 주먹 하나 간격이 되도록 좁게 잡은 후 팔을 펴서 바를 머리 위로 들어 올린다.

02 양 팔꿈치를 고정시킨 채 전완이 바닥과 수평을 이룰 때까지 팔꿈치를 구부려 바를 머리 뒤로 내리며 호흡을 들이 마신다. 아래 지점까지 상완삼두근의 긴장을 유지하면서 내린 다음 올리며 호흡을 내쉰다.

심·사·포·인·트

❶ 팔꿈치가 너무 벌어지지 않도록 주의하고, 척추가 과도하게 휘거나 몸이 흔들리지 않도록 잘 고정한다.

시티드 바벨 트라이셉스 익스텐션
Seated Barbell Triceps Extension

18

세부평가기준

① 앉아서 허리는 곧게 세우며 펴고 있는가?
② 양손의 간격을 어깨너비보다 좁게 하고 있는가?
③ 바벨을 머리 뒤쪽으로 내리고 있는가?
④ 바벨을 잡은 상완이 지면과 수직이 되도록 하였는가?
⑤ 바를 내릴 때 숨을 들이마시고 올릴 때 내뱉고 있는가?

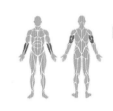

운동 부위

• 주동근 : 상완 삼두근
• 협응근 : 전완근

■ 운동 설명

앉은 자세에서 바벨을 이용하여 실시하는 삼두근 운동. 앉아서 수행하므로 팔에 대한 집중이 높아진다.

■ 운동 방법

01 플렛 벤치에 앉아서 바를 오버 그립으로 주먹 하나 간격이 되도록 좁게 잡은 후 팔을 펴서 바를 머리 위로 들어 올린다.

02 양 팔꿈치를 고정시킨 채 전완이 바닥과 수평을 이룰 때까지 팔꿈치를 구부려 바를 머리 뒤로 내리며 호흡을 들이 마신다. 아래 지점까지 상완삼두근의 긴장을 유지하면서 내린 다음 올리며 호흡을 내쉰다.

심·사·포·인·트

❶ 팔꿈치가 너무 벌어지지 않도록 주의하고, 척추가 과도하게 휘거나 몸이 흔들리지 않도록 잘 고정한다.

라잉 바벨 트라이셉스 익스텐션
Lying Barbell Triceps Extension

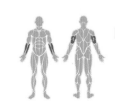

운동 부위

• 주동근 : 상완 삼두근
• 협응근 : 전완근

운동 설명

벤치나 바닥에 누운 자세에서 바벨을 이용하여 실시하는 삼두근 운동. 삼두근 안쪽의 모양을 선명하게 만들어 준다.

운동 방법

01 바를 오버 그립으로 주먹 하나 간격 정도로 되도록 좁게 잡은 후 팔을 펴서 머리 위로 들어 올린다.

02 양팔꿈치를 고정시킨 채 전완이 바닥과 수평을 이룰 때까지 팔꿈치를 구부려 바를 머리 뒤로 내리며 호흡을 들이 마신다. 아래 지점까지 상완 삼두근의 긴장을 유지하면서 내린 다음 다시 올리며 호흡을 내쉰다.

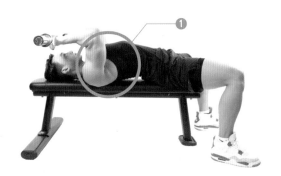

심 · 사 · 포 · 인 · 트

❶ 몸이 흔들리지 않도록 등을 잘 밀착시키고, 팔꿈치의 간격을 일정하게 유지하며 수행한다.

20 덤벨 킥 백
Dumbbell Kick back

① 운동 중 상완은 바닥과 수평인 상태를 유지하는가?
② 팔꿈치는 몸통에 붙인 상태를 유지하는가?
③ 등은 곧게 편 상태를 유지하는가?
④ 발은 바닥에 밀착시켰는가?

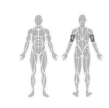

운동 부위
• 주동근 : 상완 삼두근
• 협응근 : 전완근

■ 운동 설명

상체를 숙인 자세에서 덤벨을 뒤로 차올리듯 실시하는 상완 이두근의 상부와 바깥쪽 부분을 강화하는 운동이다.

■ 운동 방법

01 벤트오버 자세로 상체를 숙이고 손에 덤벨을 들고 팔꿈치를 90도로 구부려 상완이 바닥과 수평을 이루게 한다.

02 팔꿈치를 고정시킨 채 팔은 뒤로 뻗듯이 펴면서 덤벨을 최대한 들어 올리며 호흡을 내쉰다. 처음 자세로 돌아와서 호흡을 들이 마신다.

 NG 팔꿈치가 몸에서 떨어지면 자세가 불안정해진다.

심·사·포·인·트

❶ 등과 골반이 틀어지지 않도록 상체를 바르게 펴고 수행한다.
❷ 팔꿈치는 직각이 될 때까지만 구부리고 동작 시 반동을 사용하지 않는다.

21

벤치 딥스
Bench Dips

① 허리는 곧게 편 자세를 유지하는가?
② 내리는 단계에 팔꿈치가 직각으로 내려가는가?
③ 올리는 단계에 팔꿈치가 완전히 펴지는가?
④ 호흡을 똑바로 하고 있는가?

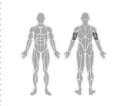

운동 부위

• 주동근 : 상완 삼두근

▨ 운동 설명

벤치와 자신의 몸무게를 이용하는 상완삼두근 강화운동. 벤치 두 개를 이용하는 방법도 있지만 시험장에서는 하나만 사용한다.

▨ 운동 방법

01 플랫 벤치의 가장자리에 어깨넓이로 양손을 짚고 벤치의 앞쪽에 무릎을 구부리고 앉는다. 벤치를 짚은 팔은 90도가 되도록 팔꿈치를 구부린다.

02 상완 삼두근에 긴장을 주어 팔을 펴 몸을 위로 들어 올리면서 호흡을 내쉰다.

심·사·포·인·트

❶ 등이 구부러지지 않도록 주의한다.
❷ 동작 시 팔꿈치가 벌어지지 않도록 고정한다.

22 덤벨 리버스 리스트 컬
Dumbbell Reverse Wrist Curl

① 벤치에 앉거나 대퇴부에 팔을 올려놓은 다음 오버그립으로 덤벨을 잡았는가?
② 숨을 내쉬며 손목을 올리고, 손목을 내리면서 숨을 들이쉬는가?
③ 운동 중 전완부가 움직이지 않도록 안정적으로 고정되어있는가?

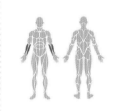

운동 부위

• 주동근 : 전완근

■ 운동 설명

전완의 신근을 자극하는데 효과적인 운동이다. 프레스 운동의 안정성을 높이는 데에도 도움이 된다.

■ 운동 방법

01 덤벨을 오버그립으로 잡고 벤치에 앉아 전완을 대퇴부에 올려놓은 후 손목을 아래로 떨어뜨린다.

02 손목을 위로 구부려 덤벨을 들어 올린 후 내리는 동작을 반복한다.

POINT! 벤치에 팔을 올린 자세로 실시할 수도 있다.

심 · 사 · 포 · 인 · 트

❶ 팔이 움직이지 않도록 잘 유지한다. 팔꿈치를 구부리는 동작이 발생하지 않도록 조심한다.

바벨 리버스 리스트 컬
Barbell Reverse Wrist Curl

① 벤치에 앉거나 대퇴부에 팔을 올려놓은 다음 오버그립으로 바벨을 잡았는가?
② 숨을 내쉬며 손목을 올리고, 손목을 내리면서 숨을 들이쉬는가?
③ 운동 중 전완부가 움직이지 않도록 안정적으로 고정되어 있는가?

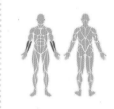

운동 부위

• 주동근 : 전완근

■ 운동 설명

바벨을 사용하는 점을 제외하면 덤벨 리버스 리스트 컬과 거의 동일하다.

■ 운동 방법

01 바벨을 오버그립으로 잡고 벤치에 앉아 전완을 대퇴부 위에 올려 놓는다.

02 손목을 위로 구부리며 바벨을 들어 올린 후 내리는 동작을 천천히 반복한다.

심·사·포·인·트

❶ 팔이 움직이지 않도록 잘 유지한다. 수행시 팔꿈치를 구부리는 동작이 발생하지 않도록 조심한다.

MEMO

PART 3 실기 동작

Chapter 02

상체
등, 어깨

벤트 오버 원 암 덤벨 로우
Bent Over One Arm Dumbbell Row

① 팔꿈치를 몸통 가까이 들어 올렸는가?
② 손목은 구부리지 않고 편 상태를 유지했는가?
③ 덤벨을 위로 당기는 단계에서 반동을 이용하지 않았는가?
④ 머리, 몸통, 손, 발의 위치 무릎 각도를 유지했는가?

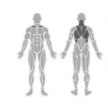

운동 부위

• 주동근 : 광배근
• 협응근 : 승모근,
  능형근, 상완 이두근

■ 운동 설명

벤치를 이용하는 덤벨로우 운동. 투암 덤벨 로우보다 허리를 고정하기가 쉽다.

■ 운동 방법

01 덤벨을 한 손으로 잡고 한 손은 벤치 위에 두고 등을 펴고 상체를 바닥과 수평이 되게 한다.

02 상체를 유지 하면서 의식적으로 등 근육을 이용해서 덤벨을 들어 올리며 호흡을 내쉰다. 등의 긴장을 유지하면서 천천히 시작 자세로 돌아가고 이때 호흡을 들이마신다.

NG 등이 말려 구부러지지 않도록 주의한다.

심 · 사 · 포 · 인 · 트

❶ 척추가 회전하거나 흔들리지 않도록 잘 유지하며 오직 팔과 어깨로만 운동을 수행한다.

벤트 오버 바벨 로우
Bent-Over Barbell Row

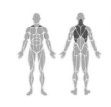

운동 부위

• 주동근 : 광배근
• 협응근 : 승모근,
능형근, 상완 이두근

▦ 운동 설명

상체를 굽힌 자세에서 바벨을 오버그립으로 잡고 실시하는 대표적인 등 근육 강화운동. 상체의 각도에 따라 강화되는 근육 부위에 차이가 생긴다.

▦ 운동 방법

01 양발을 어깨너비보다 약간 넓게 벌리고 바벨을 오버 그립으로 잡은 후 상체를 앞으로 숙인다. 가슴은 곧게 펴고 바닥과 수평이 되도록 기울인다.

02 허리와 등에 긴장을 유지하면서 시선을 정면을 향한 채 바벨을 복부 쪽으로 당기며 호흡은 내쉰다. 중량을 버티면서 등근육을 천천히 이완시키고 시작자세로 돌아갈 때 호흡을 들이 마신다.

NG ▶ 등이 말려 구부러지지 않도록 주의한다.

심·사·포·인·트

❶ 상체를 45도 이상의 각도로 굽히지 않도록 주의한다.
❷ 시선은 자연스러운 각도로 전방을 주시하며 수행하고 팔꿈치가 옆구리를 스치는 느낌으로 실시한다.

3

언더 그립 바벨 로우
Under Grip Barbell Row

① 바벨을 언더 그립으로 잡고 몸통은 곧게 편 자세를 유지하는가?
② 바를 올리는 단계에서 손목을 펴고 올리는가?
③ 목을 과도하게 뒤로 펴고 있는가?
④ 몸의 무게중심이 균형적으로 고르게 유지하는가?

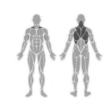

운동 부위

• 주동근 : 광배근
• 협응근 : 승모근,
  능형근, 상완 이두근

■ 운동 설명

상체를 앞으로 굽힌 자세에서 바벨을 언더그립으로 잡고 실시하는 등 근육 강화운동이다.

■ 운동 방법

01 양발을 어깨 너비보다 약간 넓게 벌리고 바벨을 언더 그립으로 잡은 후 상체를 앞으로 숙인다. 가슴은 곧게 펴고 바닥과 수평이 되도록 기울린다.

02 허리와 등에 긴장을 유지하면서 시선을 정면을 향한 채 바벨을 복부 쪽으로 당기며 호흡을 내쉰다. 중량을 버티면서 등근육을 천천히 이완시키며 시작자세로 돌아가고 이때 호흡을 들이 마신다.

심 · 사 · 포 · 인 · 트

❶ 바벨을 언더그립으로 잡는다는 점에 주의한다.

❷ 바벨은 배꼽 아래쪽에 닿도록 끌어올리고, 팔꿈치가 옆구리를 스친다는 느낌으로 실시한다.

뉴트럴 그립 투암 덤벨 로우
Neutral Grip Two Arm Dumbbell Row

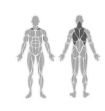

운동 부위

• 주동근 : 광배근
• 협응근 : 승모근, 능형근, 상완 이두근

▦ 운동 설명

벤트 오버 자세에서 실시하는 대표적인 등 근육 강화운동으로 바벨을 이용할 때보다 가동범위가 넓다.

▦ 운동 방법

01 덤벨을 양손에 잡고 엉덩이를 뒤로 빼며 무릎을 구부린다. 그 상태에서 등을 펴고 상체를 바닥과 수평이 될 정도로 기울인다.

02 상체를 그대로 유지하면서 의식적으로 등근육을 이용해서 덤벨을 들어 올리며 호흡을 내쉰다. 등근육에 긴장을 유지하며 천천히 시작자세로 돌아가고 이때 호흡을 들이마신다.

NG 정확한 뉴트럴그립의 자세를 취한다.

심·사·포·인·트

❶ 척추가 흔들리거나 구부러지지 않도록 잘 유지하며 어깨와 팔로만 운동을 수행한다.
❷ 반동을 이용하지 말고 팔꿈치가 옆구리를 스치는 느낌으로 실시한다.

5 바벨 굿모닝 엑서사이즈
Barbell Good Morning Exercise

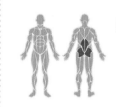

운동 부위

• 주동근 : 척추 기립근
• 협응근 : 대둔근,
  대퇴 이두근

■ 운동 설명

바벨을 들고 인사를 하듯 실시하는 힙힌지 동작으로 허벅지 뒤 근육과 척추기립근 강화에 도움이 되는 운동이다.

■ 운동 방법

01 바벨을 어깨 뒤 승모근에 올리고 정면을 바라본 채 양 발을 어깨너비만큼 벌려 바닥에 고정시킨다.

02 바벨을 움직이지 않도록 고정하고 인사하듯 천천히 상 체를 앞으로 숙인다. 이때 가슴을 들고 허리를 펴며, 등 이 굽어서는 안 된다. 처음 동작으로 돌아오며 근육은 수축시키고 호흡은 내쉰다.

NG 가능한 한 무릎을 곧게 펴고 등이 말리지 않도록 주의한다.

심·사·포·인·트

❶ 상체를 내릴 때 무릎이 굽혀지지 않아야 하고, 시선은 자연스럽게 앞쪽을 바라본다.

백 익스텐션
Back Extension

세 부 평 가 기 준

① 매트에 배를 깔고 엎드려 있는가?
② 상체와 하체를 함께 올리고 있는가?
③ 호흡은 올리는 단계에 내쉬고 있는가?

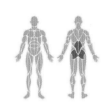

운동 부위

• 주동근 : 척추기립근
• 협응근 : 대둔근

■ 운동 설명

매트에 엎드린 자세로 실시하는 척추기립근 강화운동. 스포츠시설에서는 도구를 사용하기는 경우가 많지만, 시험장에서는 매트 위에서 맨몸으로 실시한다.

■ 운동 방법

01 매트에 엎드려 양손은 깍지를 끼고 허리에 위치시키고 양발은 골반 너비로 벌린다. 허리와 엉덩이 근육의 힘을 이용하여 상체와 하체를 뒤로 들어 올린다. 정점에서 허리 근육을 수축하며 호흡을 내쉰다.

02 천천히 처음 자세로 돌아오며 근육을 이완시키고 호흡을 내쉰다.

 목에 과도하게 힘이 들어가지 않게 주의한다.

심 · 사 · 포 · 인 · 트

❶ 몸의 반동을 이용하지 않는다.
❷ 척추기립근의 힘만을 사용하며 동작을 취한다.

바벨 밀리터리 프레스
Barbell Military Press

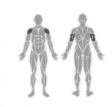

운동 부위

• 주동근 : 전 측면
  삼각근
• 협응근 : 상완 이두근

■ 운동 설명

어깨너비로 서서 바벨을 머리 위로 들어 올리는 대표적인 삼각근 강화운동. 베벨 숄더프레스라고도 한다.

■ 운동 방법

01 양발을 어깨너비만큼 벌리고 서서 바벨을 오버 그립으로 잡고 턱 앞에 위치시킨다. 시선은 정면을 바라보면서 바벨을 머리 위로 밀어 올리고 근육을 수축하며 호흡을 내쉰다.

02 몸통을 바르게 유지한 채 삼각근에 긴장을 유지하면서 천천히 시작자세로 돌아가고 이때 호흡을 들이 마신다.

NG 바벨을 수직으로 들어올려 어깨, 팔꿈치, 바벨을 든 손은 몸의 중심선에서 벗어나지 않도록 한다.

심·사·포·인·트

❶ 바를 수직으로 들어 올려 팔꿈치와 바가 항상 수직선 위에 놓이도록 주의하며 복근에 힘을 주고 수행한다.

비하인드 더 넥 프레스
Behind-the-Neck-Press

세 부 평 가 기 준

① 반동 없이 머리 뒤쪽 가까이 바닥과 수직으로 들어 올렸는가?
② 올리는 단계에서 팔꿈치를 이용하지 않고 운동하였는가?
③ 운동 시 주동근의 긴장을 유지했는가?
④ 내리는 단계 시 팔꿈치에 각도를 90도를 유지했는가?

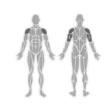

운동 부위

• 주동근 : 전 측면 삼각근
• 협응근 : 상완 이두근, 후면 삼각근

운동 설명

밀리터리 프레스와 달리 바벨을 머리 뒤로 내렸다가 올리는 운동. 측면 삼각근에 더 큰 자극을 줄 수 있다.

운동 방법

01 양발을 어깨너비만큼 벌리고 바닥에 고정시킨다. 양손을 어깨너비보다 넓게 벌려 바벨을 오버 그립으로 잡고 머리를 앞으로 살짝 숙인 채 바벨을 머리 뒤에 위치시킨다.

02 몸통을 바르게 유지한 채 어깨의 힘으로 바벨을 들어 올리고 근육을 수축하며 호흡을 내쉰다. 처음 동작으로 돌아오면서 어깨 근육을 이완하며 호흡을 들이 마신다.

❶

NG ▶ 바벨을 수직으로 들어올려 어깨, 팔꿈치, 바벨을 든 손은 몸의 중심선에서 벗어나지 않도록 한다.

심·사·포·인·트

❶ 바를 수직으로 들어 올려 팔꿈치와 바가 항상 수직선 위에 놓이도록 주의하고, 바벨은 뒷머리를 스치듯 움직인다.

덤벨 숄더 프레스
Dumbbell Shoulder Press

세·부·평·가·기·준

① 운동 중 덤벨이 움직이지 않도록 통제하였는가?
② 올리는 단계에서 팔꿈치를 이용하지 않고 운동하였는가?
③ 운동 시 주동근의 긴장을 유지했는가?
④ 내리는 단계 시 팔꿈치에 각도를 90도를 유지했는가?

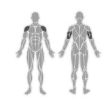

운동 부위

• 주동근 : 전 측면
  삼각근
• 협응근 : 상완 이두근

■ 운동 설명

어깨너비로 서서 양손으로 덤벨을 밀어 올리는 삼각근 강화운동. 바벨 숄더프레스에 비해 근육의 가동범위가 넓다.

■ 운동 방법

01 덤벨을 양손에 들고 팔꿈치를 구부려 덤벨을 귀 높이 정도에 위치시킨다.

02 어깨근육의 긴장을 유지하며 팔꿈치를 펴면서 덤벨을 머리 위로 밀어 올리고 어깨근육을 수축하며 호흡을 내쉰다. 덤벨이 흔들리지 않게 균형을 잡으며 처음 자세로 돌아오면서 호흡을 들이 마신다.

NG 1. 덤벨을 수직으로 들어올려 어깨, 팔꿈치, 바벨을 든 손은 몸의 중심선에서 벗어나지 않도록 한다.
2. 등에 만곡이 지나치게 크게 만들어지는 동작도 좋지 않다.

심·사·포·인·트

❶ 양팔의 균형이 무너지지 않도록 조심하고, 복부에 힘을 주고 척추를 잘 고정하고 수행한다.

10 덤벨 래터럴 레이즈
Dumbbel lateral Raise

세 부 평 가 기 준

① 옆으로 올리는 동작 시 상체를 곧게 펴고 시선은 정면을 유지했는가?
② 덤벨을 잡은 손이 팔꿈치보다 아래에 있는가?
③ 몸통을 곧게 폈는가?
④ 올리는 단계에서 숨을 내쉬었는가?
⑤ 내리는 동작 시 몸통이 견고하게 지지하고 있는가?

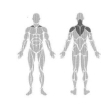

운동 부위

• 주동근 : 전 측면
  삼각근
• 협응근 : 상완 이두근

▣ 운동 설명

덤벨을 사용하는 대표적인 측면 삼각근 강화운동. 승모근도 동시에 강화된다.

▣ 운동 방법

01 덤벨을 손바닥이 몸쪽을 향하게 잡고 양발을 어깨너비로 벌린 채 선다.

02 가슴을 들고 상체의 반동을 이용하지 않으면서 덤벨을 양옆으로 던진다는 느낌으로 최대한 측면삼각근에 집중하며 천천히 덤벨을 들어 올린다. 이때 근육을 최대한 수축시키며 호흡을 내쉰다. 들어 올린 지점에서 잠시 멈추고 중량을 버티면서 시작자세로 돌아온다. 이때 근육을 이완시키고 호흡은 들이 마신다.

NG 덤벨을 든 팔은 어깨와 수평이 되어야 하며. 팔이 아닌 어깨를 들어올려 승모근에 긴장이 발생하면 좋지 않다.

심·사·포·인·트

❶ 들어 올리는 동작에서 덤벨과 팔꿈치가 어깨와 수평이 되도록 한다.
❷ 허리의 반동을 줄이고 팔꿈치는 약간 구부리고 수행한다.

덤벨 프론트 레이즈
Dumbbell Front Raise

세 부 평 가 기 준

① 위로 올리는 동작 시 상체를 곧게 펴고 시선은 정면을 유지했는가?
② 어깨보다 약간 높은 위치까지 팔을 들어 올렸는가?
③ 몸통을 곧게 폈는가?
④ 올리는 단계에서 숨을 내쉬었는가?
⑤ 내리는 동작 시 몸통이 견고하게 지지하고 있는가?

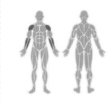

운동 부위

• 주동근 : 전면 삼각근
• 협응근 : 전완근

■ 운동 설명

덤벨을 사용하여 전면 삼각근을 발달시키기 위한 운동. 양손이 분리되어 있어 양쪽 삼각근을 균형 있게 발달시킬 수 있다.

■ 운동 방법

01 덤벨을 손등이 전면으로 향하도록 잡고 허벅지 앞에 위치시킨 후 양발을 어깨너비로 벌린 채 바로 선다.

02 전면삼각근에 집중해서 상완이 바닥과 수평이 될 때까지 천천히 덤벨을 들어 올린다. 이 때 덤벨은 어깨높이보다 조금 높게 들어 올리고 호흡은 내쉰다. 들어 올린 지점에서 잠시 멈춘 후 중량을 버티면서 시작자세로 돌아온다. 이때 근육을 이완시키고 호흡을 들이 마신다.

NG 덤벨을 든 팔은 어깨와 수평이 되어야 하며, 몸이 앞으로 기울어지지 않도록 곧게 세우고 실시해야 한다.

심·사·포·인·트

❶ 몸이 앞이나 뒤로 기울어지지 않도록 주의하고, 팔꿈치는 항상 바깥쪽을 향한 채 수행한다.

벤트오버 레터럴 레이즈
Bent-over Lateral Raise

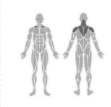

운동 부위

• 주동근 : 후면 삼각근
• 협응근 : 승모근

■ 운동 설명

어깨의 후면 삼각근을 자극하기 위한 운동. 레터럴 레이즈와 유사하게 양옆으로 팔을 들어 올리지만, 몸통을 숙이는 벤트 오버 자세라는 점에서 차이가 있다.

■ 운동 방법

01 덤벨을 양손에 잡고 상체가 바닥과 평행을 이루도록 상체를 앞으로 숙인다. 양손은 손바닥이 비스듬히 마주하도록 한다.

02 허리를 앞으로 구부린 자세를 유지하면서 덤벨을 양옆으로 들어 올리면서 근육을 수축시키고 호흡을 내쉰다. 덤벨은 어깨 높이까지 올리고 잠시 멈춘 다음 천천히 시작자세로 돌아가며 근육을 이완시키면서 호흡을 들이 마신다.

NG 1. 덤벨을 든 팔은 들어올렸을 때 어깨와 수평이어야 한다.
2. 등이 말려 구부러져서도 안 된다.

심 · 사 · 포 · 인 · 트

❶ 등이 흔들리거나 말리지 않도록 잘 고정하고 덤벨을 천천히 들고 내린다.

13

바벨 프론트 레이즈
Barbell Front Raise

세 부 평 가 기 준

① 위로 올리는 동작 시 상체를 곧게 펴고 시선은 정면을 유지했는가?
② 어깨보다 약간 높은 위치까지 팔을 들어 올렸는가?
③ 몸통을 곧게 펴고 무릎은 약간 구부린 자세를 유지했는가?
④ 올리는 단계에서 숨을 내쉬었는가?
⑤ 내리는 동작 시 몸통이 견고하게 지지하고 있는가?

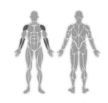

> ### 운동 부위
> • 주동근 : 전면 삼각근
> • 협응근 : 전완근

▣ 운동 설명

바벨을 사용하여 전면 삼각근을 발달시키기 위한 운동. 덤벨을 사용할 때보다 더 큰 중량을 사용할 수 있어 양쪽 삼각근에 더 큰 자극을 주게 된다.

▣ 운동 방법

01 바벨을 손등이 전면을 향하게 잡고 허벅지 앞에 위치시킨 후 양발을 어깨너비로 벌린 채 바로 선다.

02 전면 삼각근에 집중해서 바벨이 어깨와 수평이 될 때까지 천천히 들어 올린 후 호흡을 내쉰다. 들어 올린 지점에서 잠시 멈춘 다음 중량을 버티면서 시작자세로 돌아오면서 근육을 이완 시키고 호흡을 들이 마신다.

심·사·포·인·트

❶ 동작 시 허리가 뒤로 젖혀질 수 있으니 상체를 조금 앞으로 숙이는 느낌의 자세를 유지하고, 팔은 어깨보다 높이 올라가지 않도록 주의한다.

14 바벨 업라이트 로우
Barbell Upright Row

① 바벨을 들어 올렸을 때 팔꿈치가 어깨와 평행이 되었는가?
② 허리를 곧게 펴고 있는가?
③ 시선은 정면을 주시하고 있는가?
④ 오버 그립으로 바벨을 잡고 있는가?

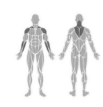

운동 부위

• 주동근 : 전 측면 삼각근
• 협응근 : 승모근, 전완근

▦ 운동 설명

어깨의 전측면 강화를 위한 운동. 이지 바를 사용하기도 한다. 양손을 가까이 잡으면 승모근이, 넓게 잡으면 삼각근이 자극된다.

▦ 운동 방법

01 바벨을 오버그립으로 잡는다.

02 양 팔꿈치를 바깥쪽으로 향하게 하면서 바벨을 수직으로 들어 올리고 근육을 수축하며 호흡을 내쉰다. 이때 팔꿈치의 위치는 어깨와 수평을 유지한다. 천천히 시작 자세로 돌아가며 호흡을 들이 마신다.

심·사·포·인·트

❶ 몸이 흔들리지 않도록 잘 고정하고 반동을 이용하지 않는다. 팔꿈치로 바벨을 끌어올린다는 느낌으로 동작을 실시한다.

덤벨 슈러그
Dumbbell Shrug

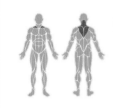

운동 부위

• 주동근 : 승모근

운동 설명

덤벨을 이용하여 좌우 승모근을 균형 있게 발달시키는 동작이다.

운동 방법

01 덤벨을 양손에 들고 허벅지 앞에 위치시킨 후 어깨를 아래로 늘어뜨린다.

02 어깨를 최대한 높이 들어 올린다는 느낌으로 덤벨을 수직으로 올린 후 최대한 근육을 수축한 후 호흡을 내쉰다. 올린 지점에서 잠시 멈춘 다음 시작자세로 돌아오며 근육을 이완시키고 호흡을 들이마신다.

심·사·포·인·트

❶ 등이 앞으로 굽지 않도록 가슴을 잘 펴고 수행한다. 손목과 팔꿈치를 곧게 유지하며 실시한다.

바벨 슈러그
Barbell Shurg

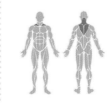

운동 부위

• 주동근 : 승모근

운동 설명

상부 승모근을 발달시키는 대표적인 운동이다.

운동 방법

01 바벨을 양손에 들고 허벅지 앞에 위치시킨 후 어깨를 아래로 늘어뜨린다.

02 어깨를 최대한 높이 들어 올린다는 느낌으로 바벨을 수직으로 올린 후 최대한 근육을 수축한 후 호흡을 내쉰다. 올린 지점에서 잠시 멈추었다가 시작자세로 돌아올 때 근육을 이완시키고 호흡을 들이 마신다.

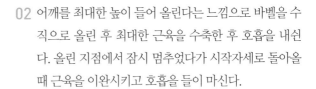

심·사·포·인·트

❶ 등이 앞으로 굽지 않도록 가슴을 잘 펴고 수행한다. 손목과 팔꿈치를 곧게 유지하며 실시한다.

PART 3 실기 동작

Chapter 03

하체, 복근, 전신

바벨 백 스쿼트
Barbell Back Squat

세 부 평 가 기 준

① 몸통과 바닥이 이루는 각도를 일정하게 유지하면서 서서히 앉았는가?
② 무게중심을 양발과 중앙 부분에 놓이게 했는가?
③ 대퇴가 바닥과 수평이 될 때까지 앉았는가?
④ 일어설 때 반동을 이용하거나 상체를 구부리지 않았는가?
⑤ 바벨이 승모근에 위치하고 있는가?

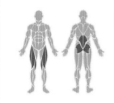

운동 부위

- 주동근 : 대퇴 사두근
- 협응근 : 척추 기립근, 대둔근

■ 운동 설명

바벨을 어깨 뒤 승모근 부위에 올리고 실시하는 스쿼트 동작이다.

■ 운동 방법

01 바벨을 오버 그립으로 잡고 어깨 뒤 승모근에 안정적으로 얹은 후 가슴을 들고 등이 구부러지지 않도록 주의하며 정면을 바라본 채 바르게 선다.

02 허리를 바른 상태로 유지하면서 엉덩이를 뒤로 빼주며 대퇴부가 바닥과 수평이 될 때까지 앉는다. 허벅지가 바닥과 수평이 될 정도로 구부려 앉은 후 시작 자세로 돌아가며 호흡을 내쉰다.

NG 동작 중에 등이 굽거나 말리지 않도록 주의해야 한다.

심·사·포·인·트

❶ 몸이 앞으로 쏠리지 않도록 양쪽 팔꿈치를 뒤로 당긴다. 발끝은 약 15~20도 정도를 벌리고 무릎이 모이거나 발끝보다 앞으로 나가지 않도록 주의한다.

바벨 프론트 스쿼트
Barbell Front Squat

① 바벨은 쇄골과 어깨로 지탱하고 있는가?
② 가슴과 팔꿈치를 들고 허리는 꼿꼿이 세우고 있는가?
③ 무릎이 발끝을 넘지 않고 있는가?
④ 시선은 정면을 주시하고 있는가?

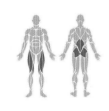

운동 부위

• 주동근 : 대퇴 사두근
• 협응근 : 척추 기립근, 대둔근

■ 운동 설명

바벨을 어깨 앞쪽에 올려놓고 하는 스쿼트 동작이다.

■ 운동 방법

01 바벨을 오버 그립으로 잡고 양 발을 어깨너비로 벌린 상태에서 바벨이 쇄골 위에 올라가도록 들어 올린다.

02 허리를 편 상태에서 엉덩이에 긴장을 주고 다리를 구부리면서 앉는다. 무릎의 위치가 발끝을 넘어 가지 않도록 한다. 허벅지가 바닥과 수평을 이룰 정도까지 앉았다가 천천히 시작자세로 돌아가며 호흡을 내쉰다.

심·사·포·인·트

❶ 등이 말리지 않도록 허리를 곧게 펴고 가슴을 앞으로 내밀고, 팔꿈치를 최대한 올리고 수행한다.
❷ 무릎이 발끝보다 앞쪽으로 나가지 않도록 주의한다.

바벨 런지
Barbell Lunge

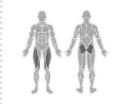

운동 부위

• 주동근 : 대퇴 사두근
• 협응근 : 척추 기립근,
　　　　　대둔근

■ 운동 설명

엉덩이와 골반 주변 근육을 발달시키는 대표적인 운동. 특히 다리 전면에 자극이 크다.

■ 운동 방법

01 바벨을 어깨에 올려 매고 정면을 바라보고 인라인 스탠스로 선다.

02 한쪽 발을 앞으로 내밀어 스플리트 스쿼트 자세를 취한다. 앞쪽 발로 밀어주듯이 시작자세로 돌아가며 호흡을 내쉰다. 반대쪽 다리도 같은 방법으로 수행한다. 번갈아 가며 실시한다.

❶

NG 동작 중에 어깨와 등이 굽거나 말리지 않도록 주의해야 한다.

심·사·포·인·트

❶ 몸의 균형을 유지할 수 있도록 양발의 간격을 잘 조정한다. 무릎의 각도가 90도 정도를 유지할 수 있도록 주의하며 수행한다.

덤벨 런지
Dumbbel Lunge

① 앞으로 내딛는 다리의 발바닥이 바닥에 닿도록 했는가?
② 허리와 등을 곧게 편 상태로 유지하고 몸의 균형을 잡았는가?
③ 무릎이 발끝 보다 나오지 않게 하였는가?
④ 올라오는 단계에서 숨을 내쉬었는가?
⑤ 동작 중 앞발과 무릎이 일직선을 유지하는가?
⑥ 덤벨을 양손에 들고 덤벨이 흔들리지 않게 유지하는가?

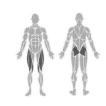

운동 부위
• 주동근 : 대퇴 사두근
• 협응근 : 척추 기립근,
  대둔근

■ 운동 설명

바벨이 아닌 덤벨을 이용하는 런지 동작. 특히 다리 전면에 자극이 크다.

■ 운동 방법

01 양손에 덤벨을 들고 정면을 바라보며 인라인 스탠스로 선다.

02 한발을 앞으로 내밀어 스플리트 스쿼트 자세를 취한다. 앞쪽 발로 밀어주듯 시작자세로 돌아오며 호흡을 내쉰다. 양쪽 다리를 번갈아 실시한다.

NG 상체가 앞으로 기울지 않게 하고 무릎이 발끝보다 앞으로 나가지 않게 주의한다.

심·사·포·인·트

❶ 몸의 균형을 유지할 수 있도록 양발의 간격을 잘 조정한다. 무릎의 각도가 90도 정도를 유지할 수 있도록 주의하며 수행한다.

5 덤벨 카프 레이즈
Dumbbell Calf Raise

① 앉은 상태로 발뒤꿈치를 최대한 들어 올리고 있는가?
② 발뒤꿈치가 지면에 닿기 전에 다시 올리는가?

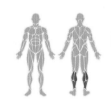

운동 부위

• 주동근 : 비복근
• 협응근 : 가자미근

운동 설명

벤치에 앉아 덤벨을 이용하여 종아리 근육을 강화하는 운동이다.

운동 방법

01 덤벨을 양손에 들고 양 발을 어깨너비로 벌린 상태에서 정면을 바라본다. 양 발뒤꿈치를 들어 올린다.

02 가장 높이 올린 지점에서 잠시 멈춘 후 종아리에 긴장을 주면서 호흡을 내쉰다. 천천히 내린 다음 호흡을 들이마신다. 발가락 전체에 체중을 실고 최대한 천천히 실시한다.

심·사·포·인·트

❶ 오직 비복근과 가자미근의 수축만으로 동작이 이루어지도록 주의한다. 상체가 앞뒤로 기울지 않도록 주의한다.

힙브릿지
Hip-Bridge

① 천장을 바라보고 누워 양팔은 펴서 손바닥을 대고 무릎은 세웠는가?
② 숨을 내쉬면서 엉덩이를 위로 올렸는가?
③ 동작 시 허리를 곧게 펴고 엉덩이에 긴장을 주고 있는가?

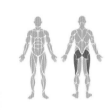

운동 부위

• 주동근 : 대둔근
• 협응근 : 대퇴 사두근

운동 설명

바닥에 누워 실시하는 엉덩이 근육 강화운동이다.

운동 방법

01 트레이닝 매트에 양다리를 90도 각도로 구부리고 눕는다.

02 엉덩이근육을 긴장시키며 엉덩이를 들어홀리고 호흡을 내쉰다. 엉덩이근육을 2~3초 수축한 뒤 시작자세로 돌아오며 호흡을 내쉰다.

심·사·포·인·트

❶ 허리가 지나치게 높아지지 않도록 주의한다.

덩키 킥
Dunky Kick

① 엎드린 자세로 한쪽 다리의 허벅지가 수평이 되도록 들어 올리는가?
② 골반이 바닥과 수평이 되도록 유지하였는가?
③ 골반이 틀어지지 않도록 중심을 잡고 있는가?

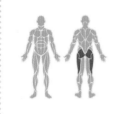

운동 부위

• 주동근 : 대둔근
• 협응근 : 대퇴 이두근

■ 운동 설명

바닥에 엎드려 실시하는 대표적인 대둔근 강화운동이다.

■ 운동 방법

01 양손은 어깨넓이로 짚고 무릎은 골반넓이로 벌리고 엎드린다. 한쪽 발을 뒤로 뻗으며 골반과 지면이 수평이 될 때까지 들어올린다.

02 정점에서 엉덩이 근육을 2~3초간 수축하고 호흡을 내쉰다. 시작자세로 돌아오며 엉덩이근육을 이완시키고 호흡을 들이 마신다.

NG 허벅지가 지면과 수평이 되지 않으면 감점이다.

심·사·포·인·트

❶ 무릎을 펴고 실시할 수도 굽히고 실시할 수도 있지만 어떤 경우에도 허벅지는 지면과 수평을 유지한다.

바벨 힙 스러스트
Barbell Hip Thrust

① 벤치에 등을 대고 무릎을 세워 누웠는가?
② 바벨이나 원판을 하복부 위에 올렸는가?
③ 바닥과 수평이 될 때까지 몸통을 올렸는가?
④ 몸통을 올리면서 호흡을 내쉬었는가?

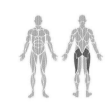

운동 부위
• 주동근 : 대둔근
• 협응근 : 대퇴 이두근

▦ 운동 설명

벤치와 바벨을 이용하여 실시하는 힙업 운동이다.

▦ 운동 방법

01 상체를 펴고 벤치에 등을 대고 무릎을 구부린 채 기댄다. 바벨을 하복부 밑에 올린 후 고정시킨다.

02 몸이 지면과 수평이 되도록 엉덩이를 위로 들어 올리며 근육을 수축하고 호흡을 내쉰다. 시작자세로 돌아오며 호흡을 들이 마신다.

심 · 사 · 포 · 인 · 트

❶ 허리와 목이 일직선을 유지하도록 하며, 과도하게 꺾이지 않도록 주의한다.

힙 스러스트
Hip Thrust

① 바닥에 등을 대고 누워서 두 팔을 몸통 옆 바닥에 밀착시켰는가?
② 두 다리를 펴고 수직으로 올렸는가?
③ 무릎을 핀 상태로 천정을 향해 힙과 발바닥을 똑바로 들어 올렸는가?
④ 하복부를 위로 올리면서 호흡을 내쉬었는가?

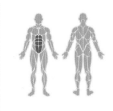

운동 부위

• 주동근 : 복직근

■ 운동 설명

바벨 힙 트러스트와 이름이 유사하지만, 하복부를 강화하기 위한 고난도 운동이다.

■ 운동 방법

01 매트에 누워 머리와 골반을 붙이고 상체는 고정한다. 양다리를 펴고 엉덩이를 90도 각도로 들어 올린다.

02 정점에서 엉덩이근육을 수축하며 호흡을 내쉰다. 시작 자세로 돌아오며 근육을 이완시키고 호흡을 들이 마신다.

심·사·포·인·트

❶ 다리를 들어 올릴 때 지면과 수직의 방향이 되도록 주의한다.

루마니안 데드리프트
Romanian Deadlift

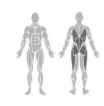

운동 부위

• 주동근 : 대퇴 이두근,
대둔근, 척추 기립근

■ 운동 설명

데드리프트 중 하나로 특히 척추기립근 강화에 효과적인 운동. 가장 일반적으로 수행하는 데드리프트이다.

■ 운동 방법

01 양발을 어깨너비로 벌리고 허리를 곧게 편 힙힌지 자세로 바벨을 오버그립으로 잡는다.

02 무릎과 허리의 긴장을 유지하며 바벨을 무릎과 대퇴를 스치듯 들어 올리며 숨을 내쉰다. 처음 자세로 돌아오며 숨을 들이쉰다.

심·사·포·인·트

❶ 동작 시 바벨이 몸에서 멀어지지 않도록 주의한다.
❷ 허리가 말리지 않도록 곧게 펴고 긴장을 유지한다.

스티프 레그드 데드리프트
Stiff-Legged Deadlift

세부평가기준

① 척추 기립근은 펴져 있는가?
② 고개는 들고 정면을 주시하며 동작을 실시하고 있는가?
③ 올리는 동작 시 바벨이 대퇴부에 가까이 위치하여 올려지는가?
④ 동작 수행 간 무릎의 관절은 구부러지지 않는가?

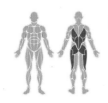

운동 부위

• 주동근 : 대퇴 이두근
• 협응근 : 대둔근,
척추 기립근

■ **운동 설명**

데드리프트 중 특히 하체를 강화하기 위한 운동이다.

■ **운동 방법**

01 양 발을 골반 넓이나 그보다 좁게 벌리고 허리를 곧게 편 힙힌지 자세로 바벨을 오버그립으로 잡는다. 루미니안 데드리프트와 달리 무릎을 곧게 편다.

02 무릎과 허리의 긴장을 유지하며 바벨을 무릎과 대퇴를 스치듯 들어올리며 숨을 내쉰다. 처음 자세로 돌아오며 숨을 들이 쉰다.

NG 바벨이 몸에서 멀어지거나 등이 말리지 않도록 주의한다.

심·사·포·인·트

❶ 시험장에서는 동작 중에 등과 무릎이 곧게 펼쳐진 상태를 유지할 수 있도록 노력한다. 바벨을 몸에 가까이 붙인다는 느낌으로 동작을 취한다.

12 컨벤셔널 데드리프트
Conventional Dead Lift

세 부 평 가 기 준

① 바를 어깨너비 혹은 약간 넓게 잡고 있는가?
② 바벨을 바닥에 완전히 내렸다가 올렸는가?
③ 운동하는 동안 등이 굽지 않도록 곧게 편 자세를 유지하는가?
④ 올리는 동작 시 바벨이 대퇴부에 가까이 위치하여 올려지는가?

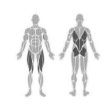

운동 부위
• 주동근 : 대퇴 사두근,
 대둔근, 척추 기립근

■ 운동 설명

데드리프트 중 가장 많은 관절과 근육을 사용하는 전신운동이다.

■ 운동 방법

01 양 발을 골반 넓이 정도로 벌리고 허리를 곧게 편 힙힌지 자세로 바벨을 오버그립으로 잡는다. 다른 데드리프트와 달리 상체가 정면을 향한다는 느낌으로 앉는다.

02 무릎과 허리의 긴장을 유지하며 바벨을 무릎과 대퇴를 스치듯 들어올리며 숨을 내쉰다. 처음 자세로 돌아오며 숨을 들이쉰다.

심 · 사 · 포 · 인 · 트

❶ 루마니아 데드리프트와 확실히 구분이 되도록 시작 자세에서 무릎을 굽혀 엉덩이를 낮춘다.
❷ 루마니안 데드리프트보다 상체를 곧게 세우고 실시한다.

13 덤벨 사이드 밴드
Dumbbel Side Bend

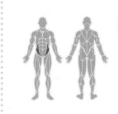

세 부 평 가 기 준

① 덤벨을 옆구리에 밀착시키는가?
② 엉덩이가 앞뒤로 흔들리지 않게 통제하는가?
③ 덤벨이 몸에서 멀어지지 않도록 운동하고 있는가?
④ 엉덩이가 좌우로 과도하게 움직이지 않는가?

■ 운동 설명

덤벨을 사용하여 실시하는 외복사근 강화운동이다.

■ 운동 방법

01 정면을 바라보고 양 발을 어깨너비를 벌려 바르게 서서 한 손에는 덤벨을 들고 다른 손은 반대 방향 머리 뒤에 고정시킨다.

02 옆구리에 긴장을 주면서 덤벨 쪽 방향으로 몸통을 완전히 기울인 후 다시 반대 방향으로 몸통을 구부리는 동작을 반복한다.

심·사·포·인·트

❶ 골반이 돌아가지 않도록 유의한다. 어깨나 팔이 아닌 옆구리에 중량부하가 가해지도록 수행한다.

14 크런치
Cruch

세부평가기준

① 목을 고정된 상태에서 상체를 숙였는가?
② 양어깨가 바닥에 닿지 않을 정도까지 내렸는가?
③ 들어 올리는 단계에서 몸통의 반동을 이용하지 않았는가?
④ 양손을 머리에서 떨어뜨리지 않고 운동을 실시하였는가?
⑤ 허리를 바닥에서 떨어뜨리지 않았는가?

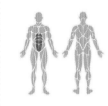

운동 부위

• 주동근 : 복직근

■ 운동 설명

싯업에 비해 허리에 부담을 줄이고 실시할 수 있는 상부 복직근 강황운동이다.

■ 운동 방법

01 트레이닝 매트에 바로 누워 무릎을 구부리고 양발을 바닥에 밀착시킨다. 양손은 머리 뒤로 깍지 켜서 상체를 흔들리지 않도록 고정시킨다.

02 복근의 힘으로 머리와 어깨를 들어 올리며 호흡을 내쉰다. 오직 복부의 힘만으로 상체를 앞으로 구부렸다가 천천히 시작자세로 내리며 호흡을 들이 마신다. 상체가 바닥에 완전히 닿기 전에 다시 상체를 들어올린다.

심·사·포·인·트

❶ 허리 부분이 바닥에서 완전히 떨어지면 싯업 자세가 되니 두 동작을 정확하게 구분하여 수행한다.

레그 레이즈
Leg Raise

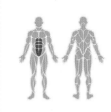
운동 부위

• 주동근 : 복직근

세·부·평·가·기·준

① 숨을 내쉬며 양발이 바닥과 90도를 이룰 때까지 올렸는가?
② 양어깨와 등 상부를 바닥과 밀착시켰는가?
③ 발끝이 바닥에 닿지 않을 정도까지 천천히 내렸는가?
④ 올리는 단계에 숨을 내쉬었는가?

▦ 운동 설명

바닥에 누워 하부복직근을 강화하는 대표적인 운동이다.

▦ 운동 방법

01 트레이닝 매트에 바로 누워 무릎을 곧게 편 후 발뒤꿈치를 바닥에서 살짝 들어 올린다.

02 하복부에 긴장을 주면서 다리를 들어 90도 정도로 올리며 호흡을 내쉰다. 시작자세로 내리며 호흡을 들이마신다.

NG 다리가 지면과 수직이 되지 않으면 불완전한 동작이다.

심·사·포·인·트

❶ 등이 휘지 않도록 곧게 펴고 복부에 힘을 주고 수행한다. 몸의 반동을 이용하지 않는다.

16 오블리크 클런치
Oblique Crunch

① 목을 고정된 상태에서 상체를 숙였는가?
② 양어깨가 바닥에 닿지 않을 정도까지 내렸는가?
③ 들어 올리는 단계에서 몸통의 반동을 이용하지 않았는가?
④ 양손을 머리에서 떨어뜨리지 않고 운동을 실시하였는가?

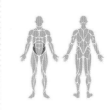

운동 부위
• 주동근 : 내·외 복직근

▤ 운동 설명

무릎을 한쪽으로 틀어서 실시하는 외복사근 강화운동. 평소 잘 사용하지 않는 복부 근육을 자극할 수 있는 운동이다.

▤ 운동 방법

01 트레이닝 매트에 엉덩이와 어깨를 바닥에 대고 누운 자세에서 다리를 한 쪽 방향으로 틀고 양손은 머리 뒤로 깍지를 낀다.

02 복부에 긴장을 주면서 머리와 어깨를 들어 올린 후 호흡을 내쉰다. 시작 자세로 돌아가며 호흡을 들이 마신다.

NG 목에 과도한 긴장이 발생하지 않도록 주의한다.

심 · 사 · 포 · 인 · 트

❶ 상체를 들어 올리는 과정에서 몸이 흔들리지 않도록 주의한다.
❷ 목에 과도한 힘이 들어가지 않아야 한다.

시티드 니업
Seated Knee-Up

세 · 부 · 평 · 가 · 기 · 준

① 앉아서 상체를 고정시키고 무릎을 구부리는가?
② 발이 땅에 닿지 않게 운동하는가?
③ 발끝이 바닥에 닿지 않을 정도까지 천천히 내렸는가?
④ 올리는 단계에 숨을 내쉬었는가?

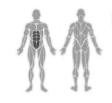

운동 부위

• 주동근 : 복직근

■ 운동 설명

상하 복부를 고르게 발달시킬 수 있으며 어렵지 않은 운동이다.

■ 운동 방법

01 바닥에 앉아 무릎을 살짝 구부리고 발을 지면에서 조금 떨어뜨린다. 양손은 엉덩이 옆 바닥에 위치시켜 상체가 흔들리지 않도록 한다.

02 양손으로 상체가 흔들리지 않도록 하면서 무릎을 가슴 방향으로 끌어당기고 호흡을 내쉬고 시작자세로 돌아가며 들이 마신다.

심 · 사 · 포 · 인 · 트

❶ 상체를 약간 뒤로 기울인 느낌으로 수행한다.
❷ 동작 시 골반이 앞뒤로 움직이지 않도록 주의한다.

리버스 크런치
Reverse Crunch

① 숨을 내쉬며 엉덩이가 바닥에서 떨어질 때까지 올렸는가?
② 양어깨와 등 상부를 바닥과 밀착시켰는가?
③ 발끝이 바닥에 닿지 않을 정도까지 천천히 내렸는가?
④ 올리는 단계에서 숨을 내쉬었는가?
⑤ 무릎 관절을 90도 구부리며 하는가?

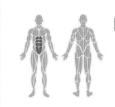

운동 부위

• 주동근 : 복직근

■ 운동 설명

상체를 바닥에 고정하고 시행하는 하복부 강화에 효과적인 운동이다.

■ 운동 방법

01 누운 자세에서 양팔을 몸 옆으로 곧게 뻗고 손바닥을 바닥에 밀착시켜 고정하며 엉덩이와 무릎을 90도로 구부린다.

02 바닥으로부터 엉덩이를 들어 올리면서 복근에 힘을 주며 호흡을 내쉰다. 하복부에 긴장을 주면서 잠시 멈춘 다음 천천히 엉덩이를 내리고 호흡을 들이 마신다.

심·사·포·인·트

❶ 몸이 흔들리지 않도록 주의하며 실시한다.
❷ 다리를 들어 올리는 것이 아니라 골반을 말아 올린다는 느낌으로 실시한다.

V싯업
V-Sit Up

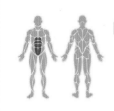

세부평가기준

① 다리와 상체를 동시에 올렸는가?
② 양다리와 양팔을 천천히 내렸는가?
③ 팔과 다리가 구부러지지 않고 펴져 있는가?
④ 올리는 단계에서 숨을 내쉬었는가?

운동 부위

• 주동근 : 복직근

▣ 운동 설명

상체와 하체를 동시에 들어 올려 복직근 강화에 효과적인 난이도 있는 운동이다.

▣ 운동 방법

01 매트에 누워 무릎을 곧게 편 후 팔을 머리 위로 들어 바닥과 수평이 되게 한다.

02 다리와 상체를 동시에 들어올려 V자 모양을 만들며 복근을 수축하고 호흡을 내쉰다.

NG 무릎이 구부러지거나, 팔과 다리가 수평이 되지 않으면 불완전한 동작이다.

심·사·포·인·트

❶ 몸의 반동을 이용하지 않는다. 다리를 내렸을 때 허리가 바닥에서 뜨지 않도록 주의한다.

스쿼팅 바벨 컬
Squatting Barbell Curl

① 발의 위치와 바벨을 잡은 양손 간격은 어깨너비 정도인가?
② 팔꿈치 뒷부분 위치가 양 무릎 위에 적당히 위치하는가?
③ 동작 시 앉은 스쿼트 자세와 상체 부분이 반동 없이 고정유지 하는가?
④ 바벨을 얼굴 쪽으로 당길 시 숨을 내쉬고 천천히 원위치로 내리는가?

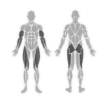

운동 부위

• 주동근 : 상완 이두근
• 협응근 : 대퇴 사두근,
　대둔근, 전완근

▦ 운동 설명

스쿼트 동작과 베벨컬을 결합한 운동 동작이다.

▦ 운동 방법

01 바벨을 언더 그립으로 잡고 스쿼트 자세를 취하며 상체
　를 곧게 편다. 양팔꿈치를 무릎 위에 고정시킨다.

02 바벨을 얼굴쪽으로 들어 올리며 근육을 수축하고 호흡
　을 내쉰다.

심·사·포·인·트

❶ 바벨을 들어 올릴 때 몸의 반동을 이용하지
　않는다. 스쿼트 자세를 흔들리지 않고 유지
　할 수 있어야 한다.

21 와이드 스탠스 스쿼트
Squat

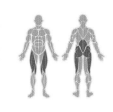

세·부·평·가·기·준

① 양발의 간격이 어깨너비보다 넓게 위치하고 있는가?
② 일어설 때 반동을 이용하거나 상체를 과하게 구부리지 않았는가?
③ 동작 실행 중 척추 전만을 유지하였는가?

운동 부위

• 주동근 : 대퇴 사두근
• 협응근 : 대둔근,
  척추 기립근

■ 운동 설명

허벅지 안쪽과 둔근의 자극이 높아지는 스쿼트이다.

■ 운동 방법

01 발끝을 45도 정도 바깥쪽으로 벌려 와이드 스탠스로
   서고 오버그립으로 잡은 바벨을 승모근 위에 올린다.

02 호흡을 들이마시며 무릎이 90도 정도가 될 때까지 내
   렸다가 천천히 처음 자세로 돌아오며 숨을 내쉰다.

심·사·포·인·트

❶ 일반적인 스쿼트보다 다리를 넓게 벌린다.
❷ 무릎이 직각이 될 때까지 내리며 수행한다.
   일어나는 동작에서 반동이 아닌 허벅지 안쪽
   근육의 힘을 사용해야 한다.

22 풀(딥) 스쿼트
Squat

① 양발의 간격이 어깨너비보다 좁게 위치하였는가?
② 일어설 때 반동을 이용하거나 상체를 과하게 구부리지 않았는가?
③ 엉덩이의 높이가 무릎보다 아래 위치하도록 깊이 앉았는가?
④ 동작 실행 중 척추 전만을 유지하였는가?

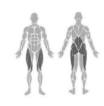

운동 부위

- 주동근 : 대퇴 사두근
- 협응근 : 대둔근, 척추 기립근

■ 운동 설명

고관절과 대퇴부가 무릎보다 더 아래쪽으로 내려가며 대퇴사두와 둔근의 자극이 큰 스쿼트이다.

■ 운동 방법

01 프론트 스쿼트나 백 스쿼트보다 보폭을 조금 좁게 하고 바벨을 쇄골 부근이나 승모근 부근에 올리고 선다.

02 엉덩이가 발꿈치에 닿을 정도로 깊게 앉으며 숨을 들이쉬고 천천히 올라오며 숨을 내쉰다.

심·사·포·인·트

❶ 일반적인 스쿼트보다 보폭이 좁아야 하지만 앉은 상태에서 다리 사이로 상체가 들어갈 수 있어야 한다.
❷ 힙힌지 자세에서 엉덩이가 지나치게 뒤로 빠지지 않아야 한다.

23 플랭크

세 부 평 가 기 준

① 엎드린 자세에서 양팔의 전완부와 양발로 지지하며 자세를 유지하였는가?
② 몸통을 일직선으로 유지하였는가?
③ 자세를 유지하는 동안 몸통이 흔들리지 않았는가?

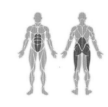

운동 부위

• 주동근 : 복직근
• 협응근 : 척추 기립근,
  대둔근

■ 운동 설명

기구 없이 척추기립근과 기타의 코어 근을 강화할 수 있는 대표적인 운동이다.

■ 운동 방법

01 팔꿈치는 어깨너비, 두 발은 모으고 머리, 등, 엉덩이가 일직선이 되도록 엎드린다.

02 골반을 복부 쪽으로 당기는 느낌으로 복부에 긴장을 만들며 버틴다.

심·사·포·인·트

❶ 목, 등, 골반이 수평을 유지하도록 잘 유지하며 수행한다.

 등이 말리거나 엉덩이가 위로 올라오지 않도록 주의한다.

사이드 플랭크

세 부 평 가 기 준

① 옆으로 누운 자세에서 한쪽 팔의 전완부와 한쪽 발로 자세를 취하였는가?
② 몸통을 일직선으로 유지하였는가?
③ 자세를 유지하는 동안 몸통이 흔들리지 않았는가?

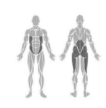

운동 부위

• 주동근 : 내·외 복사근
• 협응근 : 대둔근,
  척추 기립근

▣ 운동 설명

일반적인 플랭크에 비해 더욱 강한 힘을 요구하는 동작. 코어 근과 함께 팔과 손목, 다리 등도 함께 강화할 수 있다.

▣ 운동 방법

01 두 발을 모아 겹치고 옆으로 누워 아래쪽 전완을 어깨의 수직 방향 밑에 두고 바닥을 밀며 머리와 발이 일직신이 되도록 몸을 들어 올린다.

02 어깨가 무너지지 않도록 바닥을 힘껏 누른다는 느낌으로 버틴다.

심·사·포·인·트

❶ 골반이 움직이거나 흔들리지 않도록 유의하며 수행한다. 골반이 쳐지지 않도록 버틴다.

MEMO

MEMO

생활·전문 스포츠지도사 2급 보디빌딩
실기·구술 단박에오름

펴낸날 2024년 03월 20일

지은이 단박에오름 대장장이 전지호
발행인 최영민
발행처 ◐ 피앤피북
주소 경기도 파주시 신촌로 16
전화 031-8071-0088
팩스 031-942-8688
전자우편 pnpbook@naver.com
출판등록 2015년 3월 27일
등록번호 제406-2015-31호

정가 : 26,000원

ISBN 979-11-92520-84-1 (13690)

생활 · 전문 스포츠지도사 2급

보디 빌딩 실기구술

7만명 네이버 카페 회원의 노하우를 반영

★ 부록 : 구술 문제 + 해설 핸드북

☑ 카페 회원 7만3천명! 실제 노하우와 후기 분석
- 심사관들의 심사 포인트 반영 수록

☑ 시험주관기관 발표 평가기준 적용
- 정확한 자세와 핵심 TIP 표시

☑ 새로운 실기동작 및 구술 문항 수록
- 보디빌딩 구술 실기 완벽 대비 가능

단박은 대박! 보디빌딩 구술 연습 앱
듣고, 따라하고, 반복하며 저절로 외워지는
모바일 앱스토어에서 [단박]을 검색하세요.

🔵 피앤피북

스포츠지도사
진짜 교육전문가들이 합격을 보장합니다.

☑ 자신 있게 도전하십시오. 단박의 오름이 지원하겠습니다

| 네이버 카페 스포츠지도사 단박에 오름 ▼ | 🔍 |

http://cafe.naver.com/saengche3

| 스포츠지도사 단박에 오름 인강 사이트 ▼ | 🔍 |

http://www.orum.ac.kr/

스포츠지도사 구술 평가 영역 문항 답안

01 규정 (40점)

01 협회최신규정

■ **경기인 등록규정의 목적에 대해 설명하시오.**

대한보디빌딩협회의 선수·지도자·심판·선수 관리 담당자의 등록과 활동 등에 관한 기준과 절차를 정함으로써 선수 및 지도자·심판·선수 관리 담당자의 건전하고 효율적인 육성과 우리나라 체육의 균형 발전을 도모함을 목적으로 한다.

■ **경기인 등록 구분에 대해 설명하시오.**

협회는 목적 및 연령(다만, 연령 기준은 출생 연도를 기준으로 한다. 이하 같다) 등을 기준으로 하여 각 부를 둔다. 이때 16세 이하 선수는 육성 목적의 부로 등록하며, 17세 이상 선수는 전문 체육 목적과 생활 체육 목적 중 하나의 부로 등록한다.

(1) 육성 목적
  - 13세 이하 부
  - 16세 이하 부

(2) 전문 체육 목적
  - 19세 이하 부
  - 대학부
  - 일반부

(3) 생활 체육 복적
  - 19세 이하 부
  - 대학부
  - 일반부

■ **경기인 등록의 결격 사유에 대해 설명하시오.**

(1) 선수 등록 결격 사유

  ① 선수·심판·지도자·단체 임원·선수 관리 담당자로서 스포츠공정위원회규정에 따라 제명의 징계를 받은 사람

② 체육회 관계 단체로부터 제명의 징계를 받은 사람

③ 자격 정지 징계를 받고 그 처분이 종료되지 않은 사람

④ 강간, 유사 강간 및 이에 준하는 성폭력의 죄를 범하여 학교 폭력 예방 및 대책에 관한 법률의 퇴학 처분 조치를 받고 10년이 지나지 아니한 사람

⑤ 학교 폭력 예방 및 대책에 관한 법률의 퇴학 처분 조치를 받고 5년이 지나지 아니한 사람

⑥ 체육회 관계 단체가 주최·주관하는 경기의 결과에 영향을 미치는 승부 조작에 가담하여 유죄 판결이 확정된 사람

⑦ 체육회 관계 단체로부터 해임 징계를 받고 10년이 지나지 아니한 사람

(2) 지도자·심판·선수 관리 담당자 등록 결격 사유

① 피성년 후견인

② 금고 이상의 실형을 선고받고 그 집행이 종료되거나 집행을 받지 아니하기로 확정된 후 5년이 경과하지 아니한 사람

③ 금고 이상의 형을 선고받고 그 집행 유예 기간이 끝난 날부터 2년이 지나지 아니한 사람

④ 금고 이상의 형의 선고 유예를 받은 경우에 그 선고 유예 기간 중에 있는 사람

⑤ 법원의 판결 또는 다른 법률에 따라 자격이 상실되거나 정지된 사람

⑥ 체육회와 체육회 관계 단체에서 재직 기간 중 직무와 관련한 죄로 300만 원 이상의 벌금형을 선고받고 그 형이 확정된 후 2년이 지나지 아니한 사람

⑦ 성폭력 범죄의 처벌 등에 관한 특례법에 규정한 죄로 100만 원 이상의 벌금형을 선고받고 그 형이 확정된 후 3년이 지나지 아니한 사람

⑧ 미성년자에 대한 성폭력 범죄 또는 아동·청소년 대상 성범죄로 파면·해임되거나 형 또는 치료 감호를 선고받아 확정된 사람

⑨ 체육회 관계 단체가 주최·주관하는 경기의 결과에 영향을 미치는 승부 조작에 가담하여 벌금형 이상을 선고받고 그 형이 확정된 사람

⑩ 성폭력 범죄, 아동·청소년 대상 성범죄로 금고 이상의 형 또는 치료 감호를 선고받고 그 집행이 종료되거나 집행이 유예·면제된 날부터 20년이 지나지 아니하거나 벌금형이 확정된 날부터 10년이 지나지 아니한 사람

⑪ 선수를 대상으로 상해와 폭행의 죄로 금고 이상의 형을 선고받고 그 집행이 종료되거나 집행이 유예·면제된 날부터 10년이 지나지 아니한 사람

⑫ 체육회 관계 단체에서 자격 정지 이상의 징계 처분을 받고 그 처분이 종료되지 아니한 사람

⑬ 폭력·성폭력, 승부 조작, 편파 판정, 횡령·배임으로 체육회 관계 단체에서 자격 정지 1년 이상의 징계 처분을 받은 사람

⑭ 체육회 관계 단체로부터 해임 징계를 받고 10년이 지나지 아니한 사람

■ 경기인 활동 제한 및 예외에 대해 설명하시오.

- 당해 연도 전문 체육 목적의 부로 등록한 사람은 전문체육대회, 생활 체육 목적 부로 등록 한 사람은 생활체육대회에만 참가할 수 있다.

- 협회는 선수의 대회 참가를 위한 소속 학교 및 단체의 최소 재적 기간을 실정에 따라 정할 수 있다. 다만, 각급 학교 1학년 또는 소속 단체 1년차와 해외 유학한 사람의 원 소속 복귀의 경우 3월말 기준 소속으로 대회에 참가할 수 있다.

- 협회에 활동 포기 의사를 서면 제출한 선수 또는 협회가 인정하는 특별한 사유 없이 선수 등록을 2년 이상하지 않은 사람은 새로이 선수 등록을 신청한 날부터 1년이 경과하면 선수 활동을 할 수 있다. 단, 육성 목적등록 선수와 생활 체육 목적 등록 선수는 예외이다.

- 프로 및 유사 단체 선수는 스포츠공정위원회규정에 따라 협회로부터 선수 등록 제한을 받는다. 단, 생활 체육 목적 등록 선수의 경우는 예외이다.

- 협회에서 인정하지 않는 단체의 주최 대회에 참가할 경우 스포츠공정위원회규정에 따라 협회로부터 선수활동의 제한을 받는다. 단, 생활 체육 목적 등록 선수의 경우 예외이다.

- 부정한 방법으로 세계보디빌딩·피트니스연맹 인정 대회, 세계연맹 및 세계연맹 회원 주최·주관 대회에 참가할 시 스포츠공정위원회규정에 따라 협회로부터 선수 등록 제한을 받는다.

- 세계연맹에서 인정하지 않는 단체의 주최·주관 대회에 참가한 선수는 국제대회에 참가 할 수 없으며, 참가 시 세계연맹 정관에 따라 선수 활동 제한을 받는다.

- 등록 선수가 보디빌딩 홍보와 관계없는 광고, 쇼, 이벤트 행사에 참가할 시 사전에 협회 승인을 받아야 하며, 미승인 참여 후 적발 시 선수 활동에 제한을 받을 수 있다.

- 협회는 전문 선수가 징계를 받으면 징계에 따른 활동 제한을 한다.

■ 경기인 등록규정의 위반에 대한 징계 조치에 대해 설명하시오.

경기인 등록 결격 사유를 위반하여 등록한 자에 대해서는 1년 이상 5년 이하의 등록 금지 조치를 하여야 한다.

■ 경기력향상위원회의 기능에 대해 설명하시오.

- 국가 대표 경기력 향상 기본 계획
- 올림픽 및 아시아경기대회 대비 강화 훈련 계획 수립
- 스포츠 과학의 연구 지원 및 현장 적용에 관한 사항
- 경기 지도자의 육성 및 자질 향상에 관한 사항
- 국가 대표 선수 훈련 참가 임원 및 선수 선발에 관한 사항
- 국가 대표 훈련의 지도·감독·평가 분석에 관한 사항
- 우수 소질 보유자의 발굴·육성에 관한 사항
- 국가 대표 훈련 참가 임원 및 선수의 상벌에 관한 사항

• 올림픽 및 아시아경기대회 파견 선수단 전형 추천 및 사후 평가에 관한 사항

■ 심판위원회규정에서 명시한 심판의 등급 구분에 대해 설명하시오.

① 국제 심판(세계연맹 심판 A, B, C급) : 세계연맹 심판 자격 취득자로서 각종 국제경기대회의 심판 및 전국규모의 경기대회에서 심판 위원으로 지명 받을 수 있다.

② 국내 심판(1, 2급)

| 1급 | 국내 심판 자격 취득자로서 전국 규모의 경기대회에서 심판 및 지역 규모의 경기대회에 심판 위원으로 지명 받을 수 있다. |
| 2급 | 국내 심판 자격 취득자로서 지역 규모의 경기대회에서 심판으로 지명 받을 수 있다. |

■ 심판위원회규정에서 명시한 심판 판정에 대해 설명하시오.

• 외부 단체로부터 독립하여 공정한 업무를 수행하여야 한다.

• 심판 관련 규정과 해당 단체의 규약 및 심판 규정을 준수하고 경기 규칙에 따라 명확한 판정을 위하여 최선을 다하여야 한다.

• 경기 운영 및 판정에 있어 공명정대하게 양심에 따라 판정한다.

■ 심판위원회규정에서 명시한 심판 품위 관련 내용을 설명하시오.

• 심판은 체육회 또는 본 협회에서 발급한 신분 증서를 패용하여야 한다.

• 심판은 본 협회에서 규정한 복장과 장비만 사용하여야 한다.

• 심판은 반드시 필요한 상해 보험에 가입하여야 한다.

• 심판은 본 협회의 정관 및 관련 규정을 준수하여야 한다.

• 심판은 오심 또는 편파 판정 시 본 협회 '정관: 본 협회 또는 체육회의 '스포츠공정위원회규정'에 따라 징계(문책)받을 수 있다.

• 심판은 선수·지도자의 팀(단체 등) 입단, 계약 또는 기타 취직의 알선, 협조 등 심판으로서의 직분이나 직무공정성을 해하는 행위를 해서는 안 된다.

■ 심판위원회규정에서 명시한 심판 자격 취득의 제한에 대해 설명하시오.

• 선수로 등록한 사람은 심판 자격을 취득할 수 없다.

• 심판 자격 유지 중 선수로 등록한 사람은 선수로 등록한 해에는 심판으로 활동할 수 없다 (2020년 1월 1일 시행 종료).

• 선수로 활동 중 도핑방지규정 위반으로 제재를 받은 사람은 징계 만료 후 5년 이상 경과 해야 심판 자격을 취득할 수 있다. 단, 영구 제명 선수는 심판 자격을 취득할 수 없다.

■ 심판위원회규정에서 명시한 심판 자격의 유지 및 부활에 대해 설명하시오.

• 심판 자격의 유지를 희망하는 심판의 경우 자격 취득 후 4년에 한 번씩 재교육을 받아야한다.

- 재교육을 이수하지 않아 자격을 상실한 자는 자격 상실 기간에 비례하는 소정의 추가 강습비 납부 및 재교육을 통해 동일 자격을 득할 수 있다.
- 징계로 인하여 자격이 정지된 심판은 징계 해제 후 3년이 경과한 후 재교육을 통하여 2급 심판 자격을 득할 수 있다.

■ 보디빌딩 심사 위원의 의무에 대해 설명하시오.

- 경기 규칙을 준수하고, 정확하게 평가한다.
- 공정하고 청렴하게 심사한다.
- 심판에 책임을 진다.
- 소집 회의 시 참석한다.

■ 보디빌딩심사규정에 대한 심판원의 주의 사항에 대해 설명하시오.

- 다른 심판원과 담화를 할 수 없다.
- 다른 심판원의 심판 결정에 의도적인 영향을 주어서는 안 된다.
- 심사하는 동안 사진을 찍을 수 없다.
- 참가 선수 누구라도 지도해서는 안 된다.
- 심사하는 동안에는 알코올 함량이 있는 음료수를 마실 수 없다.
- 선수로 참가할 수 없다.

■ 선수위원회규정에 명시된 선수 권익 보호와 관련하여 신고 접수되거나 직권으로 조사한 사항에 대하여 그 사실이 인정될 경우의 조치에 대해 설명하시오.

① 폭력행위

구분	지도자	선수
1차 적발	5년 이상의 자격 정지	3년 이상의 자격 정지
2차 적발	10년 이상의 자격 정지 병과	5년 이상의 자격 정지
3차 적발	영구 제명	영구 제명

② 성폭력 범죄 행위를 한 선수 또는 지도자 : 1차 적발 시 영구 제명

③ 성폭력 범죄 행위 외 성과 관련된 행위에 대한 징계

구분	지도자	선수
1차 적발	5년 이상의 자격 정지	3년 이상의 자격 정지
2차 적발	10년 이상의 자격 정지	5년 이상의 자격 정지
3차 적발	영구 제명	영구 제명

■ 선수위원회규정에 명시된 선수 권익 보호와 관련된 조사 기관을 말하시오.

• 1차 조사 기관은 선수위원회이며, 2차 조사 기관은 대한체육회이다.

■ 도핑(doping)이란?

• 운동 선수가 일시적으로 경기 능력을 높이기 위하여 흥분제 · 호르몬제 등의 약물을 복용하거나 혈액, 유전자, 뇌파 등을 조작하는 등 금지된 이학적 조치를 사용하는 것을 말한다.

• 일시적으로 수행능력에 도움을 주지만 장기적으로 건강에 치명적인 부작용을 남길 수 있다.

■ 도핑테스트(doping test)는?

• 도핑 테스트란 선수가 도핑을 통해 불공정하게 경기력을 향상시키는 일을 예방하기 위해 특정 약품의 복용 여부를 검사하는 것으로 주로 선수들의 소변 샘플을 분석한다.

■ 도핑방지 규정 위반에 대해 말하시오.

• 도핑이란 경기력을 높이기 위해 해당 종목에서 금지하는 약물을 복용하는 행위를 말한다.

• 도핑행위를 한 선수는 일정기간의 자격정지와 해당경기와 관련된 일체의 메달, 점수, 포상, 경기기록 등이 몰수된다.

• 또한 제재 받은 선수의 실명이 1년 이상의 기간 동안 웹페이지에 게시되어 일반에게 공개된다.

■ 도핑방지규정의 기본 원리에 대해 설명하시오.

• 도핑 방지 프로그램은 스포츠의 본질적 가치를 보전하는데 그 목적이 있다. 본질적 가치는 스포츠 정신으로 불리며, 올림픽 정신의 핵심이다. 이는 타고난 재능의 완성을 위해 혼신의 노력을 다함으로써 인간의 우수성을 추구하고자 함이며, 진정한 의미의 경기 방식을 나타내기도 한다. 스포츠 정신은 인간의 정신과 심신의 찬양이며, 스포츠를 통하여 발견한 다음과 같은 가치를 반영한다.

- 윤리, 페어플레이, 정직
- 건강
- 품성 및 교육
- 재미와 즐거움
- 헌신과 책임
- 규칙과 법령의 준수
- 자기 자신과 다른 참가자를 존중하는 자세
- 우수한 경기력
- 협동 정신
- 용기
- 공동체 의식과 연대 의식

■ '의도하지 않은 도핑'에 대해 말하시오.

- 시합을 앞둔 선수가 경기능력 향상의 목적이 아닌 다른 이유로 인해 섭취한 약물에서 도핑양성반응을 일으키는 성분이 검출된 경우를 말한다.
- 선수도 질병이나 부상치료를 목적으로 필요한 약물을 사용할 권리가 있다.
- 그러나 처방 받은 의약품에 금지약물이 포함될 가능성이 있고 선수 본인이 알지 못했다고 해도 책임을 면책받는 경우는 드물기 때문에 시합 전에는 음식이나 약물의 섭취에 신중을 가할 필요가 있다.

■ 도핑의 면책 방법 3가지를 설명하시오.

- 금지 약물 및 방법을 사용하지 않으면 선수가 건강상 심각한 손상을 입는 경우
- 금지 약물 및 방법이 건강 회복 이외의 경기력 향상에 효과를 주지 않는 경우
- 금지 약물 및 방법의 사용 외에 다른 합당한 대체 치료가 없는 경우
- 치료 목적 사용 면책(TUE; Therapeutic Use Exemptions)의 허가 없이 사용된 금지 약물 및 방법으로 인한 질환 치료 목적이 아니어야 한다.

■ 도핑과 관련한 치료목적사용면책에 대해 설명하시오.

- 금지 약물 또는 그 대사 물질 또는 표지자의 존재, 금지 약물 또는 금지 방법의 사용 및 사용 시도, 소지 또는 투여 및 투여 시도가 치료목적사용면책국제표준에 따라 부여된 치료 목적사용면책규정에 합치된다면 도핑방지규정 위반으로 간주되지 않는다.
- 금지 약물 또는 금지 방법을 치료 목적으로 국내 수준의 선수가 사용하여야 하는 경우, 그 필요성이 발생했을 때에는 가능한 한 빠른 시일 내에, 선수의 출전 예정 경기일(응급 상황 또는 극히 예외적인 상황 또는 국제 표준 제4.3 항이 적용되는 경우는 제외)의 최소한 30일 전에 치료 목적 사용 면책을 신청하여야 한다.

■ 도핑 관리 11단계를 설명 하시오.

① 검사 대상자 선정

② 선수 통지

③ 도핑 관리실로 이동

④ 시료 채취 용품 선수에게 제공

⑤ 시료 채취

⑥ 시료의 양 측정(소변 시료 최소 90ml 이상)

⑦ 시료 나눠 담기(A병과 B병)

⑧ 시료 봉인

⑨ 비중 측정

⑩ 도핑 검사서 작성

⑪ 시료 분석(WADA 인증 시험실)

■ 도핑방지규정 위반 사항에 대해 설명하시오.

- 선수의 시료 내에 금지 약물, 그 대사 물질 또는 표지자가 존재하는 경우
- 선수의 금지 약물 또는 금지 방법의 사용 또는 사용 시도
- 선수의 시료 채취 제공의 회피. 거부 또는 실패
- 선수의 소재지 정보 불이행 발생
- 도핑 관리 과정 중 부정행위 및 부정행위의 시도
- 금지 약물 또는 금지 방법의 보유
- 금지 약물 또는 금지 방법의 부정 거래 또는 부정 거래의 시도
- 경기 기간 중에 선수에게 금지 약물 또는 금지 방법의 투여 또는 투여 시도, 또는 경기 기간 외에 있는 선수에게 경기 기간 외 금지 약물 또는 금지 방법의 투여 또는 투여 시도, 공모 또는 공모 시도
- 금지된 연루
- 제보에 대한 제지나 보복

■ 도핑방지규정 위반에 대한 제재에 대해 설명하시오.

- 도핑방지규정 위반에 대해 부과되는 자격 정지 기간은 한국도핑방지규정 제10조에 따른 제재 결정에 의한다.
  ① 첫 번째 위반 : 일반부는 400만원. 학생부는 200만 원에 해당하는 과징금을 부과한다. 단, 전국체육대회 도핑방지규정 위반 시에는 1,000만 원의 과징금을 부과한다.
  ② 두 번째 위반 : 일반부는 1,000만 원, 학생부는 500만 원에 해당하는 과징금을 부과한다.단. 전국체육대회 도핑방지규정 위반 시에는 1,500만 원의 과징금을 부과한다.
  ③ 세 번째 위반 : 1,500만 원에 해당하는 과징금을 부과한다. 단, 전국체육대회 도핑방지규정 위반 시에는 2,500만원의 과징금을 부과한다.

■ 도핑 방지를 위한 선수의 역할과 책임에 대해 말하시오.

- 도핑방지규정 및 한국도핑방지규정에 규정된 모든 도핑 방지 정책과 규정을 숙지하고 준수하여야 한다.
- 시료 채취가 언제나 가능하도록 하여야 한다.
- 도핑 방지와 관련하여 선수가 사용하고 복용한 모든 물질에 대하여 책임을 진다.
- 의료진에게 선수로서 금지 약물 및 금지 방법을 사용하지 않아야 할 책임이 있음을 고지하고, 어떠한 의료처치도 도핑방지규정 및 한국도핑방지규정에 규정된 도핑 방지 정책 및 규정에 위반되지 않도록 확인 할 책임을 진다.
- 과거 10년 내에 선수가 도핑방지규정을 위반하였다고 결정한 비가맹 기구의 모든 결정을 국제경기연맹 및 한국도핑방지위원회에 공개하여야 한다.
- 도핑방지규정 위반을 조사하는 도핑방지기구에 협력하여야 한다.

■ **보디빌딩의 역사에 대해 설명하시오.**

• 역도와 보디빌딩의 발생 시기는 비슷하다고 본다. 보디빌딩의 창시자는 독일의 유진 샌도우(Euegen Sandow)이며, 1949년 문곡 서상천씨가 우리나라에 역도와 함께 보디빌딩을 보급했다. 1950년경 부터 보디빌딩의 과학적 연구를 진행하였고, 그 후 전 세계적으로 보디빌딩이 보급되었다.

■ **우리나라에서 체중으로 보디빌딩의 체급을 분류하기 시작한 해를 말하시오.**

• 1979년부터 체중으로 보디빌딩의 체급을 분류했다.

■ **보디빌딩과 역도의 차이점에 대해 설명하시오.**

• 운동의 목적에 차이가 있다. 보디빌딩은 벌크 업을 목적이며, 최대 근력 70~85%의 무게로 1세트 8~12회를 실시한다.

• 이에 비해 역도는 파워 업이 목적으로 최대 근력 80% 이상의 무게로 1세트 1~3회를 실시한다.

■ **보디빌딩 관련 기관 및 협회를 말하시오.**

• 세계보디빌딩연맹(FBB; International Federation of Bodybuilding and Fitness)

• 대한보디빌딩협회(KBBF; Korean Bodybuilding &Fitness Federation)

• 아시아보디빌딩연맹(ABBF; Asian Bodybuilding and Physique Sports Federation)

• 한국도핑방지위원회(KADA; Korea Anti-Doping Agency)

■ **시합 무대의 포즈대 규격에 대해 말하시오.**

• 포즈대의 길이는 최소6m, 폭은 1m50cm, 높이는 60cm이다.

• 포즈대는 무대중앙에 위치해야 하고 선수의 근육이 잘 보이도록 조명이 설치되어야 한다.

• 단상의 정면에는 IFBB 로고가 붙어야 하며 바닥에는 카펫이 깔려야 하고 무대에는 가로선과 중앙라인을 표시한다.

• 검정, 청색, 녹색의 카펫만 허용한다.

■ **보디빌딩의 심사규정에 대한 심판원의 주의사항에 대해 말하시오.**

• 공정해야 한다.

• 경기 중 다른 심판원과 대화를 나눌 수 없다.

• 다른 심판원의 판정에 의도적인 영향을 주어서는 안 된다.

• 선수로 참가해서는 안 된다.

• 참가선수를 지도하는 행위를 해서는 안 된다.

- 심사하기 직전이나 심사하는 동안 알콜이 있는 음료를 섭취하면 안 된다.
- 경기장면을 사진을 찍어서는 안 된다.

■ 보디빌딩 종목에 대해 설명하시오.

① 남자 보디빌딩(Men's Bodybuilding) : 유고슬라비아의 베오그 라드에서 있었던 1970년 IFBB 총회에서 현대 스포츠 분야로 공식적인 인정을 받았다.

② 여자 보디빌딩(Women's Bodybuilding) : 1982년 IFBB 총회에서 스포츠 분야로 인정받았지만, 모로코의 마라케시에서 개최된 2013년 IFBB 총회에서 승인을 취소하면서 여자 피지크(Women's Physique)로 대체되었다.

③ 클래식 보디빌딩(Classic Bodybuilding) : 남자 클래식 보디빌딩(Men's Classic Bodybuilding)은 중국의 상하이에서 있었던 2005년 FBB 총회에서 현대 스포츠 분야로 공식적인 인정을 받았다. 클래식 보디빌딩은 기존의 보디빌딩에 비해 근육은 덜 발달시키고 탄탄하고 미적으로 보기 좋은 체형을 추구한다.

④ 피지크(Physique) : 남자 피지크(Men's Physique)와 여자 피지크(Women's Physique)는 2012년 11월 11일 IFBB 총회 및 집행 위원회로부터 공식 인정을 받았다. 근육을 덜 발달시키는 것을 선호하는 남성과 여성을 대상으로 구성되었으며, 탄탄하고 미적으로 보기 좋은 체형을 추구한다.

⑤ 남자 클래식 피지크(Men's Classic Physique) : 2018년 11월 9일 FBB 총회에서 공식적인 인정하였다. 키 대비 체중 제한을 두고 과도한 근육보다는 균형 잡힌 육체미를 평가한다.

⑥ 보디 피트니스(Body Fitness) : 여자 보디 피트니스(Women's Body Fitness)는 2002년 10월 27일 IFBB 총회 및 집행 위원회로부터 새로운 스포츠로 공식적인 인정을 받았다.

⑦ 비키니 피트니스(Bikini Fitness) : 여자 비키니 피트니스(Women's Bikini Fitness)는 2010년 11월 7일 IFBB 총회 및 집행 위원회로부터 새로운 스포츠로 공식적인 인정을 받았다.

■ 남자 보디빌딩의 카테고리를 말하시오.

- 세계선수권대회 보디빌딩 경기는 남자 보디빌딩 9개 체급, 남자 주니어 보디빌딩 3개 체급, 남자 마스터 보디빌딩 12개 체급으로 나뉜다.

■ 남자 보디빌딩의 카테고리별 체급에 대해 말하시오.

(1) 남자 보디빌딩 - 9개 체급

- Bantam Weight: 65kg 이하
- Light Weight: 70kg 이하
- Welter Weight: 75kg 이하
- Light - Middle Weight: 80kg 이하
- Middle Weight: 85kg 이하
- Super - Middle Weight: 90kg 이하
- Light - Heavy Weight: 95kg 이하

- Heavy Weight : 100kg 이하

- Super - Heavy Weight : 100kg 초과

    * 세계보디빌딩 & 피트니스연맹과 주최 측의 동의하에 한 체급 추가 가능하다.

(2) 남자 주니어 보디빌딩 3개 체급

① 16~20세 : OPEN(1개 체급)

② 21~23세

- Light Weight : 75kg 이하

- Heavy Weight : 75kg 초과

(3) 남자 마스터 보디빌딩-12개 체급

① 40세~ 44세

- Light Weight: 70kg 이하

- Middle Weight: 80kg 이하

- Light-Heavy Weight: 90kg 이하

- Heavy Weight: 90kg 초과

② 45세~ 49세

- Light Weight: 70kg 이하

- Middle Weight: 80kg 이하

- Light-Heavy Weight: 90kg 이하

- Heavy Weight: 90kg 초과

③ 50세~54세

- Middle Weight: 80kg 이하

- Heavy Weight: 80kg 초과

④ 55세 이상

- Middle Weight: 75kg 이하

- Heavy Weight: 75kg 초과

■ 남자 보디빌딩의 라운드에 대해 설명하시오.

① 예선-예선 라운드(Elimination Round) : 4개 규정 포즈(Four Mandatory Poses)

② 예선- 제1라운드(Round 1) : 4개 규정 포즈 및 7개 규정 포즈 비교 심사(Four MandatoryPoses and Comparisons of Seven Mandatory Poses)

③ 결선-제2라운드(Round 2) : 7개 규정 포즈 및 포즈 다운(Seven Mandatory Poses and Pose down)

④ 결선- 제3라운드(Round 3) : 개인별 자유 포즈 심사 60초(Free Posing Routines-60 sec)

■ 남자 보디빌딩규정 포즈에 대해 설명하시오.

• 프론트 더블 바이셉스(Front Double Biceps) : 전면 이두근 및 전완근의 발달 정도를 심사한다.

• 프론트 랫 스프레드(Front Lat Spread) : 전면 광배근의 발달 정도를 심사한다.

• 사이드 체스트(Side Chest) : 가슴 근육, 이두근과 종아리 발달 정도를 심사한다.

• 백 더블 바이셉스(Back Double Biceps) : 등 근육의 밀도와 곡선 전체의 발달 정도를 심사한다.

• 백 랫 스프레드(Back Lat Spread) : 광배근의 신축성과 등 근육의 강도, 부피와 발달 정도를 심사한다.

• 사이드 트라이셉스(Side Triceps) : 가슴과 허벅다리, 종아리의 근육 발달 정도를 심사한다.

• 업도미널 앤 타이(Abdominal &Thighs) : 복부 근육과 다리 근육 발달 정도를 심사한다.

■ 남자 클래식 보디빌딩의 체급에 대해 설명하시오.

• 남자 클래식 보디빌딩 경기는 5개 체급으로 나뉜다.

① Class A : 168cm 이하 / 최대 체중(kg) = [신장(cm) − 100] + 0(kg)

② Class B : 171cm 이하 / 최대 체중(kg) = [신장(cm) − 100] + 2(kg)

③ Class C : 175cm 이하 / 최대 체중(kg) = [신장(cm) − 100] + 5(kg)

④ Class D : 180cm 이하 / 최대 체중(kg) = [신장(cm) − 100] + 7(kg)

⑤ Class E : 180cm 초과

　　 − 180cm 초과 190cm 이하 / 최대 체중(kg) = [신장(cm) −100] + 9(kg)

　　 − 190cm 초과 198cm 이하 / 최대 체중(kg) = [신장(cm) − 100] + 11(kg)

　　 − 198cm 초과 / 최대 체중(kg) = [신장(cm) − 100] + 13(kg)

■ 남자 클래식 보디빌딩의 라운드에 대해 설명하시오.

① 예선 − 예선 라운드(Elimination Round): 4개 규정 포즈(Four Mandatory Poses)

② 예선 − 제1라운드(Round 1): 4개 규정 포즈, 쿼터 턴 및 7개 규정 포즈 비교 심사(Four Mandatory Poses and Comparisons of Quarter Turns and Seven Mandatory Poses)

③ 결선 − 제2라운드(Round 2): 쿼터 턴, 7개 규정 포즈×2 및 포즈 다운(Quarter Turns, Seven Mandatory Poses X2 and Pose down)

④ 결선 − 제3라운드(Round 3): 개인별 자유 포즈 심사 60초(Free Posing Routines-60 sec)

■ 남자 클래식 보디빌딩의 규정 포즈에 대해 설명하시오.

① 규정포즈

보디빌딩의 7개 규정 포즈인 프론트 더블 바이셉스, 프론트 랫 스프레드, 사이드 체스트, 백 더블 바이셉스, 백 랫 스프레드, 사이드 트라이셉스, 업도미널 앤 타이와 쿼터 턴을 심사한다.

② 쿼터 턴

  - 프론트 포지션(Front Position)

  - 쿼터 턴 라이트(Quarter Turn Right) : 왼쪽 측면이 심판을 향함

  - 쿼터 턴 백(Quarter Turn Back)

  - 쿼터 턴 라이트(Quarter Turn Right) : 오른쪽 측면이 심판을 향함

■ 남자 보디빌딩 및 클래식 보디빌딩의 복장 규정에 대해 설명하시오.

• 경기복은 단색이어야 하고, 투명하지 않은 깔끔하고 단정한 경기 복장을 착용한다. 트렁크 (Trunk)의 색상, 섬유, 질감 및 스타일은 선수들의 재량으로 선택할 수 있으며, 트렁크는 최소 대둔근의 3/4를 가려야 한다. 또한 전면은 덮어 가려져야 하고, 측면은 최소 1cm 폭이어야 한다.

■ 남자 보디빌딩 및 클래식 보디빌딩의 복장 규정 위반에 대해 설명하시오.

• 트렁크 안에 패딩을 넣는 것은 금지된다. 선수들은 결혼반지를 제외하고 신발, 안경, 시계, 팔찌, 목걸이, 귀걸이, 가발, 산란한 장식, 인공 모조품을 착용할 수 없다. 임플란트 또는 액상 주사를 사용하여 근육 또는 신체의 자연적인 형태를 변형하는 것은 엄격하게 금지된다.

■ 남자 피지크의 체급에 대해 설명하시오.

• 남자 피지크 경기는 6개 체급으로 나뉜다.

  ① Class A: 170cm 이하

  ② Class B: 173cm 이하

  ③ Class C: 176cm 이하

  ④ Class D: 179cm 이하

  ⑤ Class E: 182cm 이하

  ⑥ Class F: 182cm 초과

■ 남자 피지크의 라운드에 대해 설명하시오.

  ① 예선 – 예선 라운드(Elimination Round): 쿼터 턴(Quarter Turns)

  ② 예선 – 제1라운드(Round 1) : 쿼터 턴 및 쿼터 턴 비교 심사(Quarter Turns andComparisons in Quarter Turns)

  ③ 결선 – 제2라운드(Round 2) : 개인별 연기 및 쿼터 턴 x 2(Individual Presentation andQuarter Turns×2)

■ 남자 피지크의 규정 포즈에 대해 설명하시오.

• 쿼터 턴(Quarter Turn)으로 심사를 한다.

① 프론트 포지션(Front Position)

② 쿼터 턴 라이트(Quarter Turn Right) : 왼쪽 측면이 심판을 향함

③ 쿼터 턴 백(Quarter Turn Back)

④ 쿼터 턴 라이트(Quarter Turn Right) : 오른쪽 측면이 심판을 향함

■ 남자 피지크의 복장 규정에 대해 설명하시오.

• 깔끔하고 단정하며 투명하지 않은 느슨한 긴 반바지, 달라붙지 않는 신축성(라이크라)이 좋은 반바지를 착용하며 색상 및 섬유는 선수의 재량이다. 반바지는 다리 위쪽을 다 덮어야 하며 슬개골 위쪽 부분 아래까지 내려와야 한다.

■ 남자 피지크의 복장 규정 위반에 대해 설명하시오.

• 기하학적인 패턴은 가능하지만 문자가 새겨져 있거나 볼록한 장식은 가능하지 않으며, 개인 스폰서의 로고는 허용되지 않지만 제조사의 로고는 가능하다. 결혼 반지를 제외한 신발, 안경, 시계, 팔찌, 목걸이, 귀걸이, 가발, 산란한 장식, 인공 모조품 등의 사용을 금지한다. 또한 트렁크(Trunk) 안쪽에 패드를 사용하는 것은 금지이다. 임플란트 또는 액상 주사를 사용하여 근육 또는 신체의 자연적인 형태를 변형하는 것 역시 엄격하게 금지이며 해당 선수는 실격 처리된다.

■ 남자 클래식 피지크의 체급에 대해 설명하시오.

• 남자 클래식 피지크 경기는 5개 체급으로 구분한다.

① 168cm 이하 / 최대 체중(kg) = [신장(cm) - 100] + 4(kg)

② 171cm 이하 / 최대 체중(kg) = [신장(cm) - 100] + 6(kg)

③ 175cm 이하 / 최대 체중(kg) = [신장(cm) - 100] + 8(kg)

④ 180cm 이하 / 최대 체중(kg) = [신장(cm) - 100] + 11(kg)

⑤ 180cm 초과

 - 180cm 초과 188cm 이하 / 최대 체중(Kg) = [신장(cm) - 100] + 13(kg)

 - 188cm 초과 196cm 이하 / 최대 체중(kg) = [신장(cm) - 100] + 15(kg)

 - 196cm 초과 / 최대 체중(kg) = [신장(cm) - 100] + 17(kg)

■ 남자 클래식 피지크의 라운드에 대해 설명하시오.

① 예선 - 예선 라운드(Elimination Round) : 4개 규정 포즈(Four Mandatory Poses)

② 예선 - 제1라운드(Round 1): 4개 규정 포즈, 쿼터 턴 및 7개 규정 포즈 비교 심사(FourMandatory Poses and Comparisons of Quarter Turns and Seven Mandatory Poses)

③ 결선 - 제2라운드(Round 2): 쿼터 턴, 7개 규정 포즈(X2) 및 포즈 다운(Quarter Turns and Seven Mandatory Poses X2 and Pose down)

④ 결선 – 제3라운드(Round 3) : 개인별 자유 포즈 60초(Free Posing Routines–60 sec)

■ 남자 클래식 피지크의 규정 포즈에 대해 설명하시오.

① 규정포즈 7개

프론트 더블 바이셉스. 사이드 체스트, 백 더블 바이셉스. 사이드 트라이셉스, 배큠 포즈, 업도미널 앤 타이, 클래식 포즈 오브 애슬릿스 초이스

② 쿼터 턴(Quarter Turn)

- 프론트 포지션(Front Position)

- 쿼터 턴 라이트(Quarter Turn Right) : 왼쪽 측면이 심판을 향함

- 쿼터 턴 백(Quarter Turn Back)

- 쿼터 턴 라이트(Quarter Turn Right) : 오른쪽 측면이 심판을 향함

■ 남자 클래식 피지크의 복장 규정에 대해 설명하시오.

• 단색의 투명하지 않은 체조 반바지, 측면 폭은 최소 15cm이다. 경기복이 대둔근 및 전면 전체를 덮어야 하나 위쪽 다리를 보이는 것은 허용된다.

■ 남자 클래식 피지크의 복장 규정 위반에 대해 설명하시오.

• 경기복에 다는 장식품과 경기복 안 패딩, 소품 사용은 금지이다. 또한 결혼반지를 제외한 신발, 안경, 시계, 목걸이, 귀걸이, 가발, 산란한 장식, 인공 모조품도 금지이다. 임플란트 또는 액상 주사로 근육 또는 신체의 자연적 형태를 변형하는 것은 금지되며 해당 선수는 실격 처리된다.

■ 여자 피지크의 체급에 대해 설명하시오.

• 2개 체급으로 나뉜다.

- ClassA : 163cm 이하

- ClassB : 163cm 초과

■ 여자 피지크의 라운드에 대해 설명하시오.

① 예선–예선 라운드(Elimination Round) : 4개 규정 포즈(Four Mandatory Poses)

② 예선–제1라운드(Round 1) : 4개 규정 포즈. 쿼터 턴 및 규정 포즈 비교 심사(FourMandatory Poses, Comparisons in Quater Turns and Mandatory Poses)

③ 결선–제2라운드(Round 2) : 쿼터 턴, 규정 포즈, 비교 심사 및 포즈 다운(Quater Turn, Mandatory Poses, Comparisons and Pose down)

④ 결선–제3라운드(Round 3) : 개인별 자유 포즈 심사 60초(Free Posing Routines– 60sec)

■ 여자 피지크의 규정 포즈에 대해 설명하시오.

- 프론트 더블 바이셉스(Front Double Biceps) : 전체적인 바디 라인 및 균형, 각 신체 부분의 윤곽, 적절한 근육의 발달, 전체적인 신체 비율 및 대칭에 대한 전체적인 체격을 심사한다.
- 사이드 체스트(Side Chest): 가슴 근육, 상완 삼두근, 대퇴부 근육 및 비복근을 주의 깊게 심사 한다.
- 백 더블 바이셉스(Back Double Biceps) : 전체적인 바디 라인 및 균형, 각 신체 부분의 윤곽, 적절한 근육의 발달, 전체적인 신체 비율 및 대칭에 대한 전체적인 체격을 심사한다.
- 사이드 트라이셉스(Side Triceps) : 삼두근을 우선하여 심사한다.

■ 여자 피지크 경기의 평가기준에 대해 설명하시오.

- 1~2라운드 : 전반적인 체격의 느낌을 시작으로 머리 스타일 및 화장, 전반적인 근골격의 발달, 균형, 체격의 대칭적인 발달, 피부 및 피부색의 상태 및 무대 위에서의 자신감을 표현하는 능력을 평가한다. 항상 여자 피지크 선수는 '건강, 조화, 탄탄한 모습, 근육이 발달 된 체격'을 매력적으로 함께 보여주어야 한다.
- 3라운드 : 근육, 선명도, 스타일, 우아함, 개성, 탄탄함, 전반적인 안무 과정을 평가한다.또한 예술성. 매끄럽고 훌륭한 안무 과정과 그 과정 안에 규정 포즈가 포함되었는지 평가한다.

■ 여자 피지크 경기 중 감점요인에 대해 설명하시오.

- 과도한 근육 스타일이거나 혈관 및 근육의 선명도 등이 이전의 여자 보디빌딩 선수와 비슷하면 감점된다. 또한 과도하게 마르거나 셀룰라이트가 있어도 감점된다.

■ 여자 피지크 경기의 복장규정에 대해 설명하시오.

- 경기복은 투명하지 않은 일반 비키니(투피스)를 착용하며 최소, 대둔근(둔부)의 1/2이상과 전면을 가리는 비키니를 착용하여야 하고 비키니의 상태는 좋아야 한다.

■ 여자 피지크 경기의 복장 규정 위반에 대해 설명하시오.

- 끈으로 된 비키니는 엄격하게 금지되며 신발 착용도 금지된다. 결혼반지, 팔찌 및 귀걸이용 제외한 장신구, 안경, 시계, 가발 및 인공 모조품을 착용할 수 없다. 또한 임플란트 또는 액상 주사를 사용하여 근육 또는 신체의 자연적인 형태를 변형하는 것은 엄격하게 금지된다. 단 인공 유방 확대술 제외).

■ 여자 보디 피트니스의 체급에 대해 설명하시오.

- 4개 체급으로 나뉜다.
  - Class A : 158cm 이하
  - Class B : 163cm 이하
  - Class C : 168cm 이하
  - Class D : 168cm 초과

■ **여자 보디 피트니스의 라운드에 대해 설명하시오.**

① 예선 – 예선 라운드(Elimination Round) : 쿼터 턴(Quarter Turns)

② 예선 – 제1라운드(Round 1) : 쿼터 턴&쿼터 턴 비교 심사(Quarter Turns &Comparisonsin Quarter Turns)

③ 결선 – 제2라운드(Round 2) : L-워킹& 쿼터 턴(L-walking &Quarter Turns)

■ **여자 보디 피트니스의 복장 규정에 대해 설명하시오.**

• 투명하지 않은 일반 비키니를 착용한다. 비키니는 최소 대둔근(둔부)의 1/2 이상과 전면을 가려야 하고 비키니의 상태가 좋아야 한다. 신발 앞굽의 두께는 최대 1cm이며 힐의 최대 높이는 12cm이어야 한다.

■ **여자 비키니 피트니스의 체급에 대해 설명하시오.**

• 8개 체급으로 나뉜다.

① Class A: 158cm 이하

② Class B: 160cm 이하

③ Class C: 162cm 이하

④ Class D: 164cm 이하

⑤ Class E: 166cm 이하

⑥ Class F: 169cm 이하

⑦ Class G: 172cm 이하

⑧ Class H: 172cm 초과

■ **여자 비키니 피트니스의 라운드에 대해 설명하시오.**

① 예선 – 예선 라운드(Elimination Round) : 쿼터 턴(Quarter Turns)

② 예선 – 제1라운드(Round 1) : 쿼터 턴 및 쿼터 턴 비교 심사(Quarter Turns& Comparisons in Quarter Turns)

③ 결선 – 제2라운드(Round 2) : L-워킹 및 쿼터 턴 x2(L-walking and Quarter Turns x 2)

■ **여자 비키니 피트니스의 복장 규정에 대해 설명하시오.**

• 투명하지 않은 일반 비키니를 착용한다. 비키니는 최소 대둔근(둔부)의 1/3 이상과 전면을 가려야 하고 비키니의 상태가 좋아야 한다. 신발 앞굽의 두께는 최대 1cm이며 힐의 최대 높이는 12cm이어야 한다.

■ **여자 보디 피트니스 및 비키니 피트니스의 복장 규정 위반에 대해 설명하시오.**

• 끈으로 된 비키니는 엄격하게 금지하며, 플랫폼 구두도 허용되지 않는다. 결혼반지, 팔찌 및 귀걸이를 제외한 장신구, 안경, 시계, 가발 및 인공 모조품을 착용할 수 없다. 또한 임플란트 또는 액상 주사를 사용하여 근유 또는 신체의 자연적인 형태를 변형하는 것은 엄격하게 금지된다(단, 인공 유방 확대술 제외).

■ 컬러링 규정과 대회 컬러 크림 규정에 대해 설명하시오.

• 지워질 수 있는 탄 및 브론저(Bronzer) 사용을 금지한다. 만약에 간단하게 태닝 로션이 지워 진다면 선수는 무대로 들어갈 수 없다. 인공 착색이나 셀프 태닝 제품은 허용될 수도 있다.

• 전문적인 태닝(에어 브러시 & 캐빈 스프레이 태닝)은 전문적인 회사나 자격이 있는 개인에게 받을 경우에 사용할 수 있다. 누가 선수들 몸에 발라주는가와 관계없이 광택, 광채, 반짝거리는 메탈릭 펄 및 황금빛 색의 사용은 엄격하게 금지되며 사용하는 태닝 로션에 섞여 있어도 허용되지 않는다. 또한 적당한 보디 오일과 보습제는 사용할 수 있으나, 오일의 과도한 사용은 엄격하게 금지한다.

■ 인공 피부약 사용 위반에 대해 말하시오.

• 인공 피부 착색약은 사용이 가능하지만 반드시 예선 24시간 전에 사용해야 한다.

• 경기 당일에는 혈관을 왕성하게 하는 핫스타프 및 피부를 반짝이게 하는 무색의 오일과 컬러 크림은 사용을 금지한다.

• 피부용품이 땀과 함께 과도하게 흘러내리면 감점요인이 된다.

• 적발 시 감점이나 대회 출전불가 요인이 된다.

---

03 : 스포츠 인권

■ 성희롱, 성추행, 강제 추행, 성폭행, 성폭력에 대해 설명하시오.

• 성희롱 : 말과 행동 등으로 성적 수치심을 불러일으키는 행위이다.

• 성추행 : 신체 접촉 등을 통해 혐오감(굴욕감)을 주는 행위이다.

• 강제 추행 : 폭행과 협박 등을 통해 타인을 강제적으로 추행하는 행위이다.

• 성폭행 : 강제적으로 성관계를 요구하거나 실행하는 행위이다.

• 성폭력 : 성희롱, 성추행. 강제 추행, 성폭행의 요소를 포함하는 가장 큰 개념이다.

■ 스포츠 폭력의 정의를 말하시오.

• 스포츠 영역에서 스포츠인을 대상으로 폭행 및 감금, 갈취, 강요, 협박 등 정신적·신체적 금전적으로 피해를 가하는 것을 의미한다.

■ 스포츠 폭력의 예방법 및 대처법에 대해 설명하시오.

① 예방법

  – 지도자는 선수 모두를 공평하게 대해야 한다.

– 인격이나 명예를 훼손하는 등의 언행을 하지 않아야 한다.

– 사전에 선수에게 훈련 방법 및 과정 등을 상세히 설명하고 대화를 통해 충분한 의견을 수렴할 수 있도록 한다.

② 대처법

– 피해자의 안전 보호를 최우선으로 두고 진위 파악, 증거 확보 등의 조사를 진행한다.

– 가해자 및 사건 연루자에게 사건의 심각성을 인식하게 하고 처벌과 재발 방지를 위한 교육을 실시한다.

■ 스포츠 성폭력의 정의를 말하시오.

• 스포츠인이 자신의 지위와 권력 등을 이용하여 타인에게 신체적·언어적·정신적으로 성적 자기 결정권을 착취하는 행동을 의미한다.

■ 스포츠 성폭력의 예방법에 대해 설명하시오.

• 훈련 및 상담 시 공적인 공간을 활용한다.

• 훈련 시 신체 접촉을 최소화하고 필요할 경우 먼저 상대방의 동의를 구한다.

• 신체나 외모에 대한 성적 언급이나 성적 농담을 하지 않는다.

• 성폭력 예방과 대처에 대한 책임을 인지하고 방지를 위해 최선을 다한다.

• 성폭력은 이성 간에만 발생하는 것이 아니며 동성 간에도 성적 굴욕감을 느낄 수 있음을 인지한다.

■ 스포츠 성폭력의 대처법에 대해 설명하시오.

• 성적 불쾌감과 수치심을 느낄 때 즉시 알리고 그 행위를 중단하도록 요구한다.

• 비의도적 신체 접촉이 발생했을 경우 고의가 아님을 분명히 밝히고 사과한다.

• 성폭력 발생 시 피해자 보호를 최우선으로 하고 신뢰 관계가 있는 사람이나 전문 기관에 알려 도움을 받도록 한다.

■ 스포츠 성폭력 피해자의 대처 방법에 대해 설명하시오.

• 피해자는 추가 피해를 막기 위해 피해 상황에서 즉시 벗어날 수 있도록 해야 한다.

• 피해 옷차림 그대로 즉시 병원을 방문하여 진찰을 받는다.

• 피해 사실에 대한 기록 및 증거 자료를 확보한다.

• 스포츠인권센터, 한국성폭력상담소, 수사 기관, 동료, 지도자, 부모님 등에게 도움을 요청 한다.

• 외상이나 심리적 트라우마에 시달리지 않도록 치료에 적극적으로 임한다.

■ 성 그루밍에 대해 설명하시오.

• 피해자와 오랜 기간 동안 친분을 쌓아 심리적으로 지배한 후 언어적·신체적·성적 착취를 가하는 것을 의미한다.

■ 성인지 감수성에 대해 설명하시오.

• 성별 간의 사회적 불평등을 인지하고 일상생활 속에서 성차별적 요소를 감지해 내는 민감성을 의미한다.

■ **생활체육이란 무엇인지 설명하시오.**

• 일상적인 생활에서 성별과 연령의 구분 없이 여가 시간을 활용하여 모두가 즐길 수 있는 체육 활동을 말한다.

■ **생활체육의 목적을 설명하시오.**

• 국민의 자발적인 참여를 통해 개인의 건강을 증진시키고, 여가 선용을 통하여 삶의 질을 향상시키는 데 그 목적이 있다.

■ **sport for All에 대해 설명하시오.**

• 모든 사람을 위한 스포츠로 성·연령·출신 계층·사회 경제적 지위에 관계없이 전 생애에 걸쳐 모든 사람이 누구나 자유 의지로 스포츠에 참가할 기회와 권리를 보장해 주는 체육 개념이다.

■ **피트니스(Fitness) 운동에 대해 설명하시오.**

• 미국의 생활체육 관련 용어로 건강 및 체력 증진과 여가 선용을 위해 행하는 체육 활동을 의미한다. 1960년대 노르웨이 '트림(Trim)' 캠페인에서 처음 사용된 개념인 '모든 사람을 위한 스포츠'(Sport tor All)에서부터 시작되었으며 미국에서는 '피지컬 피트니스 무브먼트'(Physical Fitness Movement). '피지컬 피트니스 앤 스포츠'(Physical Fitness and Sport)라는 명칭으로 생활체육을 표현한다.

■ **에어로빅(Aerobics) 운동에 대해 설명하시오.**

• 전 국민의 체육 활동 참여를 독려하기 위한 정부 정책의 일환으로 소개되었다. 국민 생활체육 진흥을 추진하는 정책에 따라 생활체육으로 확대되었으며 여성 생활체육 운동 문화에 새 바람을 일으키며 생활체육 참여 열기를 확산시킨 운동이다. 에어로빅 운동 요건을 기반으로 인간 움직임의 기본 동작인 걷기, 달리기, 뛰기, 차기 등의 다양한 동작을 복합적으로 구성하였다.

■ **웰니스(Wellness) 운동에 대해 설명하시오.**

• 웰니스는 웰빙(Well-being)과 행복(Happiness), 건강(Fitness)의 합성어이다. 웰니스 운동은 행복과 건강의 의미를 포함하는 것으로 신체적·정신적·사회적으로 건강한 상태를 유지하는 운동이다.

■ **생활체육의 기능을 설명하시오.**

• 건강의 유지 및 증진

• 건전한 여가 활동의 영위

• 사회 정서적 안정

• 체제의 유지

• 국민 화합의 창출

■ 생활체육의 목표에 대해 설명하시오.

- 체육 내용의 다양화를 추구한다.
- 체육 활동의 생활화를 추구한다.
- 체육 방법의 합리화를 추구한다.
- 체육 환경의 복지화를 추구한다.

■ 생활체육의 의의에 대해 설명하시오.

- 생활체육은 사회구성원의 평등과 복지에 기여한다. 또한 치열한 경쟁에서 벗어나 공동체적 삶의 세계를 경험할 수 있는 기회를 제공하고 궁극적으로 삶의 질적 향상을 통해 삶을 풍요롭게 한다.

■ 생활체육의 필요성에 대해 설명하시오.

- 여가 시간이 늘어나고 건강과 체력 증진에 대한 요구가 증대되어 사회구성원의 체육에 대한 가치관과 태도가 변화하였고 이에 따라 생활체육을 제공할 국가적인 필요성이 높아졌다.

■ 생활체육의 역할에 대해 설명하시오.

- 인간성 회복, 평생 교육, 국민 건강 증진, 지역 사회 개발, 청소년 선도, 여가 선용 등이다.

■ 생활체육의 구성에 대해 설명하시오.

- 생활체육 시설, 생활체육 프로그램, 생활체육 지도자로 구성된다.

■ 생활체육의 원리 5가지를 말하시오.

- 목적성의 원리, 개별성의 원리, 자발성의 원리, 창조성의 원리, 평가성의 원리이다.

■ 생활체육의 대상에 대해 설명하시오.

- 생활체육은 사회 구성원 전체를 대상으로 제공되며 구체적인 참가자는 다음과 같다.
  ① 지역 사회 자생 동호인 체육 단체 및 조직 가입자
  ② 스포츠 종목별 동호인 단체 및 조직 가입자
  ③ 직장 동호인 체육 단체 및 조직 회원
  ④ 상업 체육 회원 및 등록자
  ⑤ 공공체육 시설 및 민간 단체 체육 시설 이용자

■ 생활체육의 영역에 대해 설명하시오.

- 가정 체육, 직장 체육, 지역 사회 체육, 상업 체육 등이다.

■ 생활체육의 활성화 방법에 대해 말하시오.

- 누구나 언제, 어디에서든 생활체육을 즐길 수 있도록 충분한 시설을 제공하고, 모든 연령층이 즐겁게 참여할 수 있는 다양한 생활체육 프로그램을 개발하고 제공하여야 한다. 또한 생활체육을 지도하는 지도자와 지도자 양성을 위한 교육과 함께 스포츠 지도자의 효율적 활용 및 관리가 필요하다.

■ 생활체육 시설에 대해 설명하시오.

- 공공 체육 시설, 학교 체육 시설, 직장 체육 시설, 민간 체육 시설 등이 있다.

■ 생활체육 프로그램의 계획 과정에 대해 설명하시오.

- 프로그램의 목적 이해 – 욕구 조사 – 프로그램 목적 및 목표 설정 – 프로그램 계획 수립 – 프로그램 실행 – 프로그램 평가 및 보완으로 구성된다.

  ① 프로그램의 목적 이해 : 프로그램의 철학과 목적을 이해한다.

  ② 욕구 조사 : 프로그램 참가자의 요구 사항, 관심 등을 파악한다.

  ③ 프로그램 목적 및 목표 설정 : 참가자의 욕구가 반영된 목표를 설정하여 프로그램의 진행 방향을 결정한다.

  ④ 프로그램 계획 수립 : 목표에 따라 구체적인 설계와 계획서를 작성한다.

  ⑤ 프로그램 실행 : 실제적인 체육 활동 진행. 참가자와 지도자 간의 지속적 상호 작용이 필요하다.

  ⑥ 프로그램 평가 및 보완 : 효과성, 효율성, 만족도 등을 평가해 운동 기능 수준, 가치, 태도 변화를 판단하여 기존 프로그램을 보완하고 새로운 프로그램을 구성한다.

■ 생활체육 프로그램의 구성 원리에 대해 설명하시오.

  ① 평등성 : 모든 사람이 참여할 수 있어야 한다.

  ② 창조성 : 창조적인 체육 활동을 도모한다.

  ③ 욕구 반영성 : 참가자의 욕구를 반영한다.

  ④ 다양성 : 일률적 방법으로 진행하는 것이 아니라 다양한 프로그램을 개발해야 한다.

  ⑤ 전문성 : 전문가에 의해 운영·감독되어야 한다.

  ⑥ 평가성 : 지속적이고 객관적인 평가를 해야 한다.

  ⑦ 보완성 : 평가 이후에 그 결과를 가지고 지속적으로 수정과 보완을 해야 한다.

  ⑧ 편의성 : 쉽게 참여할 수 있어야 한다.

  ⑨ 전달성 : 광범위하게 보급될 수 있도록 하여야 한다.

■ 생활체육 지도자의 개념에 대해 설명하시오.

- 생활체육 지도자는 생활체육 참가자에 대한 안내자, 지시자, 영향력 행사자 등의 역할을 수행하는 사람이다.

■ 생활체육 지도자의 역할에 대해 설명하시오.

① 안내자 : 생활체육 참가자에게 보다 접근이 용이한 생활체육 활동 경로를 직간접적으로 제시해 줌으로써 참가자의 생활체육 활동 욕구를 충족시켜 주고 바람직한 활동 결과를 얻을 수 있도록 도와주는 역할을 한다.

② 지시자 : 생활체육 활동에 개입하는 참가자를 관리하고, 통제한다.

③ 영향력 행사자 : 참가자 개인이 생활체육 활동에 몰입할 수 있도록 지도력을 발휘하고 생활체육 조직 내에서 자신의 지위에 의해 부여되는 권위와 인격과 식견, 매력 등을 활용하여 참가자에게 긍정적인 영향력을 행사한다.

■ 생활체육 지도자의 자질에 대해 설명하시오.

① 의사 전달 능력 : 참가자와 지도자 간의 의사소통이 성공적인 지도의 선결조건이므로 의사 전달 능력이 필요하다.

② 투철한 사명감 : 참가자에게 더 나은 교육을 제공하고 참가자들이 스스로와 집단의 목표를 성취할 수 있도록 지도하겠다는 투철한 사명감이 필요하다.

③ 활달하고 강인한 성격 : 참가자가 적극적이고 긍정적인 분위기 속에서 운동에 참여할 수 있도록 유도할 수 있는 활달하고 강인한 성격이 필요하다.

④ 도덕적 품성 : 참가자가 평등하고 공정한 환경 속에서 참가할 수 있도록 배려하는 도덕적 품성이 필요하다.

⑤ 칭찬의 미덕 : 칭찬을 통해 참가자의 과제 수행에 대한 긍정적 동기 유발을 촉진한다.

⑥ 공정성 : 참가자의 사회·경제적 배경에 따른 편견 없이 모든 참가자를 평등하게 대우하고 균등하게 지도한다.

■ 생활체육 지도자의 기능에 대해 설명하시오.

① 지도자는 개인 및 집단의 목표를 확인하여 제시한다.

② 지도자는 목표 달성을 위한 방법 및 절차를 개발하여 제시한다.

③ 지도자는 참가자의 동기를 유발한다.

④ 생활체육 집단의 긍정적 분위기를 조성한다.

⑤ 지도 활동을 통하여 동료 의식 및 응집성을 강화한다.

■ 생활체육 지도의 원리에 대해 설명하시오.

① 생활체육의 철학적 기초에 근거하여 지도한다.

② 정확한 지식을 전달하고 습득하게 지도한다.

③ 욕구와 개인차를 고려하여 지도한다.

④ 과학적이고 체계적인 방법으로 지도한다.

⑤ 자발적으로 참가할 수 있게 유도한다.

⑥ 다양하고 정확한 정보를 제공한다.

■ **생활체육 지도의 목표에 대해 설명하시오.**

① 신체적·정서적 건강을 증진한다.

② 운동 기술을 전달한다.

③ 건전한 품성을 개발한다.

④ 삶의 즐거움을 제공한다.

⑤ 사회적 관계를 개선한다.

⑥ 궁극적으로 사회적 안정을 도모한다.

■ **생활체육 지도 시 성추행 및 성희롱을 예방하기 위한 방법에 대해 설명하시오.**

① 무의식적으로 하는 신체 접촉이나 친밀감을 표시하기 위한 신체 접촉을 하지 않도록 주의한다.

② 외모에 대한 평가, 사적인 질문, 가벼운 성적 농담을 하지 않도록 주의한다.

③ 상대방의 특정 신체 부위를 응시하거나 본인의 신체 일부를 과도하게 노출시키지 않도록주의한다.

④ 원하지 않는 만남이나 교제를 강요하거나 회유하는 행동을 하지 않도록 주의한다.

⑤ 상대방이 거부 의사를 표현하면 행위를 즉각 중단하고 잘못을 인정하며 진심으로 사과한다.

---

02 지도방법 (40점)

01 : 웨이트 트레이닝

■ **저항운동의 필요성과 효과는 무엇인가?**

• 저항 운동은 근력을 증가시켜 체력을 향상시키고 근육의 형성을 유도하고 근육 손실을 억제하며, 골밀도를 높이고 뼈와 인대, 힘줄을 튼튼하게 만들어준다.

• 저항운동을 통해 근육량을 늘려 기초 대사량을 높이는 것은 비만을 예방하고 해소라는데 중요하며 아울러 비만으로 인해 발생할 수 있는 성인병의 예방에도 도움을 준다.

• 즉 저항운동을 통해 균형 잡힌 신체를 얻고 상해, 질병발생을 예방할 수 있는 것이다.

■ **동적 웨이트 트레이닝과 정적웨이트 트레이닝의 효과는 무엇인가?**

• 동적 웨이트 트레이닝은 등장성 운동을 말한다.

- 구심성과 원심성 수축형태를 동시에 포함하고 있는 방법으로 근육에 부하를 가해 근력과 근육량의 향상에 효과가 있다.
- 정적 웨이트 트레이닝은 근육의 등척성 수축을 유도하는 훈련 방법이다.
- 근력 손실이나 근위축을 막는데 효과가 있어 근육의 가동범위에 제한이 있는 재활환자들의 치료에 주로 활용된다.

■ 웨이트 트레이닝의 정신적 효과에 대해 설명하시오.

- 웨이트 트레이닝은 신체의 긴장 감소, 스트레스 해소, 생활의 활력을 제공하며, 자신감 증가, 생활 만족도 증가, 삶의 질을 향상시키는 효과가 있다.

■ 자각성의 원칙은 무엇인가?

- 경험이나 지식에 의존해 맹목적으로 훈련을 반복하는 것이 아니라 운동의 목적, 목표, 필요성을 스스로 자각하여 계획하고 자발적으로 운동에 참여해야 한다는 원칙을 말한다.

■ 웨이트 트레이닝시의 호흡법은?

- 근육이 수축할 때 내쉬고 이완할 때 들이쉬는 호흡법이 일반적이다.
- 많은 힘을 한 번에 쓰는 고중량 훈련 시에는 근육이 수축할 때 숨을 멈추는 발살바 메뉴버 호흡법을 이용하기도 하지만 고혈압 등의 성인병 환자들에게는 바람직하지 않다.

■ 근비대를 위해서는 적절한 운동부하는 1RM의 몇 %가 적절한가?

- 대략 1RM(최대근력)의 75~85% 강도로 시행하며 6~12회의 반복, 30~90초의 휴식이 적절하다.

■ 트레이닝의 종류에 대해 설명하시오.

- 플라이오메트릭 트레이닝(Plyometric Training): 짧은 시간에 최대 근력을 발휘할 수 있는 활동을 의미하며, 근육의 자연적 탄성과 신전 반사에 의해서 근 파워를 증가시키는 트레이닝 방법이다.
- 서킷 트레이닝(Circuit Training): 몇 가지 운동 동작을 세트화하여 순서를 정하여 연속적으로 실시하는 트레이닝 방법이다. 기초 체력 양성과 심폐 기능 강화를 위해 실시한다.
- 인터벌 트레이닝(Interval Training): 불완전한 휴식을 통하여 신체의 피로를 충분히 회복시키기 전에 다시 운동을 실시하는 방법이다.
- 레피티션 트레이닝(Repetition Training): 운동 후 완전한 휴식을 취한 후 트레이닝을 반복하는 방법이다.

■ 준비운동의 필요성과 효과에 대해 설명하시오.

- 준비운동은 본격적인 스포츠 활동 전에 몸을 운동에 적합한 상태로 준비시키는 효과를 가진다.
- 웜업과 스트레칭을 통해 관절의 가동범위를 넓히고 근육의 유연성을 높여 부상발생을 억제할 수 있다.
- 준비운동을 통해 본 운동 전에 신경과 근활동의 조화가 이루어진다.

• 정신이나 심리적인 면에서도 미리 운동에 적응하여 안정감을 가질 수 있다.

■ 웨이트 트레이닝 시 운동 배열의 원리는?

• 큰 단위 근육을 사용하는 복합관절 운동을 먼저 실시하고 작은 근육을 사용하는 단일관절운동을 수행한다. 이런 순서로 수행하는 것이 근육과 운동기술의 발달에 효과적이다.

■ 운동 기구를 잡는 그립의 종류는?

• 바벨이나 덤벨을 잡는 손의 위치에 따라 운동의 효과가 달라진다.

• 손이 도구보다 위에 위치한 오버그립, 반대로 밑에 위치한 언더그립, 손바닥이 서로 마주보는 뉴트럴 그립이 대표적이다. 이 밖에도 일반적인 그립보다 넓게 쥐는 와이드 그립, 보다 좁게 쥐는 클로즈 그립, 손목을 꺾어 갈고리처럼 걸어 쥐는 후크 그립, 오버 그립과 언더 그립을 교차로 쥐는 얼터네이트 그립, 엄지손가락을 배제하고 쥐는 섬리스 그립 등이 있다.

■ 바벨 운동과 덤벨 운동의 차이를 설명하시오.

• 바벨 운동 : 덤벨보다 중량을 무겁게 들 수 있기 때문에 근육량 증가에 효과적이지만 가동 범위가 덤벨보다 제한적이다.

• 덤벨 운동 : 동작이 자유롭고 가동 범위는 넓지만 바벨과 비교했을 때 무거운 중량을 들 수 없다.

■ 웨이트 트레이닝에서 근력과 근지구력 훈련의 차이에 관해서 설명하시오.

• 근력을 위한 대표적인 프로그램은 고중량, 저반복 훈련이다. 이 운동 방법으로는 근력이 주로 증가하고 약간의 근지구력이 증가된다. 1RM, 3RM, 5X5 트레이닝 등이 대표적이다.

• 근지구력을 위한 운동은 저중량, 고반복 훈련이다. 이 운동방법으로는 주로 근지구력이 증가하며, 약간의 근력도 향상될 수 있다. 슈퍼세트, 트라이세트, 서킷트레이닝 등이 대표적이다.

■ ROM에 대해 설명하시오.

• ROM은 관절의 가동 범위(Range Of Motion)를 말한다. ROM이 클수록 동작이 가능한 범위가 넓은 것을 의미하고, 작을수록 가동 범위가 작은 것을 의미한다.

■ 다중 관절 운동과 단순 관절 운동의 정의에 대해 설명하시오.

• 다중 관절 운동은 2가지 이상의 관절을 사용하며 단순 관절 운동보다는 많은 힘을 발휘할 수 있다. 단순 관절 운동은 1가지 관절을 사용하여 운동하는 것으로 많은 힘을 발휘하지 못하지만 해당 부위를 집중적으로 운동할 수 있다.

■ 웨이트 트레이닝 시 프리 웨이트 운동과 머신 운동의 장점과 단점은 무엇인가?

• 프리 웨이트는 뛰어난 운동기술의 발달뿐만 아니라 다양한 근육들을 자극하여 근육의 협응력과 밸런스를 향상시키는데 효과가 크다. 반면 초보자가 실시하기에는 어려움이 있을 수 있으며 정확한 자세를 유지하지 않으면 부상

의 위험이 있다.

- 머신 운동의 장점은 강도조절 및 사용방법이 쉬워 부상의 위험성이 낮다. 또한 원하는 부위별 근육을 쉽게 자극하고 강화할 수 있다. 반면 운동동작에서 사용하는 근육 이외의 근육은 단련되지 않으며 근육의 협응력 발달에는 부적합하다.

■ 웨이트 트레이닝의 운동의 생리학적 효과는?

- 웨이트 트레이닝을 통해 근육량이 증대되고 근육이 강해지며, 근지구력 증대된다.
- 운동을 통해 자극을 받은 뼈의 세포생성이 활발해져 골밀도가 증가된다.
- 관절과 인대가 강화되며, 관절질환이나 골다공증 같은 골격계 질환 예방에도 도움이 된다.
- 웨이트 트레이닝으로 근육의 양이 증가하면 기초 대사량이 높아져 비만과 기타 성인병의 예방에도 도움을 준다.

■ 웨이트 트레이닝을 하면 근육이 비대해지는 이유에 대해 설명하시오.

- 근력 훈련으로 근육이 비대해지는 정확한 기전은 밝혀지지 않고 있으나, 운동 시 단백질의 합성과 이화가 함께 증가하는데 합성 속도가 이화 속도를 초과하기 때문에 근원세사의 단백 질량이 늘어난다는 설명이 일반적이다. 특히 학계에서는 저항 운동은 mRNA의 효율적인 작용을 자극함으로써 근원섬유의 단백질 합성을 촉진하기 때문에 근육이 비대해진다고 주장한다.

■ 근비대를 목적으로 하는 트레이닝에서 세트와 운동 사이에 적절한 휴식시간은?

- 일반적으로 1분 ~ 1분30초 정도의 휴식이 적정하다. 개인의 체력, 컨디션, 운동 부위에 따라 달라질 수 있다.

■ 피라미드식 훈련 원칙을 설명하라.

- 운동상해를 예방하기 위한 트레이닝 방법이다. 낮은 중량에서부터 점차적으로 높은 중량으로 높이고 반복횟수는 줄이는 트레이닝법이다. 저중량 구간에서 운동이 웜업의 효과를 가지기 때문에 부담없이 고중량 구간을 맞이할 수 있다는 장점이 있다.

■ 컴파운드 세트, 트라이 세트, 자이언트 세트에 대해 설명하시오.

- 컴파운드 세트 : 같은 근육 부위의 운동 2개를 묶어서 휴식 없이 실시한다.
- 트라이 세트 : 같은 근육 부위의 운동 3개를 묶어서 휴식 없이 실시한다.
- 자이언트 세트 : 같은 근육 부위의 운동 4~6개를 묶어서 휴식 없이 실시한다.

■ 자이언트 세트 훈련 원칙을 설명하라.

- 같은 근육군을 사용하는 운동종류를 4~5가지 이상으로 묶어서 쉬지 않고 연속적으로 실시하는 훈련방법이다. 정체기에 이른 근육에 새로운 자극을 줄 수 있지만 신체적으로 부담이 큰 만큼 강한 정신력과 근지구력이 요구된다.

■ 슈퍼 세트의 종류에 대해 설명하시오.

- 컴파운드 슈퍼 세트(Compound Super Set)는 같은 부위에 두 가지 이상 운동을 쉬지 않고 실시하는 것이다.

• 오포징 슈퍼 세트(Opposing Super Set)는 주동근과 길항근을 휴식없이 번갈아 운동을 실시하는 것이다.

■ 디센딩 세트와 드롭 세트를 설명하시오.

• 디센딩 세트는 세트가 끝난 후 일정한 휴식을 가진 후 고중량에서 중량을 낮춰가며 실시하는 훈련을 의미한다.

• 드롭 세트는 첫 세트가 끝난 후 휴식 없이 첫 세트 중량의 30% 정도를 낮추어 실시하는 훈련을 의미한다.

■ 강제 반복 횟수법은?

• 운동실시 후 더 이상 반복할 수 없을 때 운동강도를 낮추지 않고 보조자의 도움을 받아 1~2회 더 반복하는 운동법이다. 부상의 위험부담이 큰 훈련테크닉이니 초보자는 사용하지 않는 것이 좋다.

■ 근육 우선 훈련 원칙에 대해 설명하시오.

• 에너지가 많을 때 가장 약한 부위를 먼저 훈련하여 평소에 잘 자라지 않은 근육 부위를 더욱 발달하게 하는 원칙이다.

■ 분할 훈련법과 이중 분할 훈련법에 대해 설명하시오.

• 분할 훈련법은 전신을 2~3일 동안 분할하여 훈련하는 방법이고, 이중 분할 훈련법은 하루 동안 오전과 오후에 신체의 다른 부위를 훈련하는 방법이다.

■ 선 피로 훈련법에 대해 설명하시오.

• 해당 근육 부위에 대한 신경계 촉진 및 동원되는 근섬유 단위 증가를 위해 단순 관절 운동 (고립 운동)을 먼저 해서 다중 관절 운동(복합 운동) 수행 시 더 많은 근섬유를 발달시킬 수 있는 운동법이다.

■ 분할법은 무엇인가?

• 운동의 효율성과 근육의 휴식을 고려한 훈련방법이다. 트레이닝 강도를 높이기 위해상체와 하체를 나누거나 상체를 2일이나 3일로 나누어서 보다 집중적이고 강도 있게 훈련하는 원칙이다.

■ 근육 펌핑에 대해 말하시오.

• 근육 운동을 하면 근육에 에너지 및 산소 공급이 필요하다. 이때 근육으로 혈액이 집중되어 근육이 순간적으로 부풀어 오르는 현상을 의미한다.

■ 스트리에이션에 대해 설명하시오.

• 스트리에이션(Striation)은 근육의 다발(근육의 줄무늬)이 잘 발달된 상태이다.

■ 데피니션과 세퍼레이션에 대해 설명하시오.

• 데피니션(Definition)이란 근육의 선명도를 나타내는 개념으로 근육의 형태가 또렷하게 나타나는 것이고, 세퍼레이션(Separation)은 근육의 갈라짐 정도를 나타내는 개념으로 근육과 근육의 경계선이 명확히 분리되는 것을 말한다.

■ 컷(Cut)에 대해 말하시오.

- 시합 전에 세퍼레이션과 데피니션을 강조할 수 있도록 근육량 손실 없이 체지방을 연소시키는 방법이다. 식이 요법, 수분 조절. 인터벌 트레이닝, 서킷 트레이닝 등의 방법을 적용하여 얻을 수 있다.

■ 치팅 시스템(Cheating system)이란 무엇인가?

- 정확한 자세로 더 이상 반복할 수 없을 때 까지 수행한 뒤 더 많은 자극을 가하기 위해 반동을 이용하여 2~3회의 횟수를 더 반복하는 기술이다.
- 잘못된 자세의 치팅 시스템은 부상의 원인이 될 수 있다.

■ 1RM(one repetition maximum)은 무엇인가?

- 최대 근력으로 1회 들어 올릴 수 있는 중량을 말한다. 근력 측정의 지표가 되며, 1RM을 수행하는 훈련은 초고중량 훈련으로 부상의 위험이 높아 반드시 보조자를 옆에 두고 수행해야 한다.

■ 운동 목표에 따른 운동 부하와 반복 횟수는?

- 근지구력 : 1RM X 60~75 % X 12~15회 X 3set
- 근력 : 1RM X 85~95% X 3~6회 이하 X 3set
- 근비대 : 1RM X 65~85% X 6~12회 X 3set

■ 팔 부위를 위한 수퍼 세트와 컴파운드 세트를 설명하라

- 슈퍼 세트란 서로 길항되는 근육을 한 세트에 이어서 트레이닝하는 방법이다.
- 케이블 푸쉬 다운과 바벨 컬, 바벨 트라이셉스 익스텐션과 덤벨 해머컬 등이 대표적이다.
- 컴파운드 세트는 같은 근육군을 이어서 트레이닝하는 방법을 말한다.
- 바벨컬 직후 덤벨컬, 벤치딥 직후 덤벨 킥백 등이 그것이다.

■ 어깨와 등(back)을 동시에 발달시킬 수 있는 운동은?

- 벤트 오버 래터럴 레이즈, 원암 덤벨 로우, 업라이트 로우, 바벨 로우, 케이블 페이스 풀 등이다.

■ 삼각근과 승모근을 동시에 강화할 수 있는 운동은?

- 삼각근과 승모근은 견갑골을 거상시키는 동작이 포함된 운동으로 강화시킬 수 있다.
- 업라이트 로우, 레터럴 레이즈, 벤트 오버 레터럴 레이즈 등이다.

■ 삼두근을 발달시킬 수 있는 운동은?

- 이지바 트라이셉스 익스텐션,원암 덤벨 트라이셉스 익스텐션, 킥백, 딥스, 케이블 푸쉬 다운 등의 단일관절운동을 통해 발달시킬 수 있다.
- 보조적으로 다중관절 운동인 프레스 류의 운동도 도움이 된다.

■ 복부비만을 해결하기 위한 저항성운동의 예를 들어라.

- 기본적으로 크런치, 레그레이즈, 플랭크 등이 기본적인 운동이다.
- 기구를 활용하는 방법으로는 벤치 싯업, 케이블 크런치, 머신 크런치 등이 있다.

■ 등이 굽은 사람을 위한 교정방법은?

- 잘못된 자세로 인해 등이 굽은 경우라면 벽에 머리, 어깨, 등, 엉덩이, 발뒤꿈치를 밀착시키고 허리와 벽 사이에 손바닥하나가 들어갈 정도로 띄워준 채 5~10분정도를 유지하는 동작을 매일 실시한다.
- 잘못된 운동 습관으로 인한 근육의 불균형에 의해서도 등이 굽을 수 있다.
- 전면 근육의 우세로 등이 굽은 경우라면 적절한 스트레칭을 활용한다.
- 후면 근육의 약화로 등이 굽은 경우라면 광배근, 척추기립근, 후면삼각근 등 후면근육군을 강화함으로써 교정을 할 수 있다.

■ 하배근(low back)을 발달시킬 수 있는 운동은?

- 등근육 중 발달시키기 어려운 근육이다.
- 스트레이트 암 풀다운, 백 익스텐션, 언더그립 풀다운 등을 통해 발달시킬 수 있다.

■ 허리통증을 예방할 수 있는 운동은?

- 허리통증은 코어근의 발달을 통해 예방할 수 있다.
- 간단한 운동으로는 고양이자세 스트레칭, 플랭크, 사이드 플랭크 등이 있다.
- 그밖에도 크런치, 사이드 크런치, 레그레이즈, 백 익스텐션 등의 운동이 도움이 된다.

■ 스쿼트 운동 종류는?

- 스쿼트의 유형은 발의 너비와 부하를 받는 부위로 구분한다.
- 발의 너비에 따라 스탠다드 스쿼트, 내로우 스쿼트, 와이드 스쿼트 등이 잇다.
- 부하를 받는 부위에 따라서는 프론트 스쿼트, 백 스쿼트, 오버헤드 스쿼트 등이 있다.
- 그 외에도 스플리트 스쿼트, 스플리트 점프 스쿼트, 원 레그 스쿼트, 스키 스쿼트 등이 있다.

■ 대퇴 이두근과 힙(Hip)을 발달시킬 수 있는 운동은?

- 케이블 백 킥, 플로어 힙 익스텐션, 브릿지, 덩키킥 등이다.

■ 파워 존(Power zone)은 무엇이며, 파워 존을 강화하기 위해 실시하는 운동은 무엇이 있는가?

- 파워존은 복부에서 무릎위에 이르는 인체의 전후면에 해당하는 중심부위를 말한다.
- 인체의 큰 근육이 모여 있어 파워존이라고 부른다.
- 파워존을 강화하는 운동에는 스쿼트, 런지, 레그컬, 데드리프트 등이 있다.

■ 트레이닝의 주기화는?

- 트레이닝 목적에 따라 단계적으로 프로그램을 세분화하는 것을 말한다.
- 과도한 훈련으로 인한 상해를 예방하면서 다양한 운동자극을 근육에 제공할 수 있다.
- 트레이닝을 '단기, 중기, 장기'로 구분하거나 경기의 일정에 맞추어 '준비 단계, 시합 전 단계, 시합 단계, 전이 단계' 등으로 구분하기도 한다.
- 각 단계에 적절한 운동유형과 강도, 빈도 등을 구체적으로 계획하는 것이 중요하다.

■ 스티프 레그 데드 리프트(stiff leg dead lift) 운동 동작 시 어느 근육에 가장 자극이 큰가?

- 스티프 레그 데드 리프트는 주로 인체의 후면에 있는 근육군 발달을 위한 대표적인 운동이다.
- 이 운동을 통해 발달하는 근육으로는 건막 하 척추기립근, 대둔근, 대퇴이두근, 반건양근, 반막양근 등이다.

■ 보디빌딩 운동에서 근비대를 위한 가장 중요한 3요소를 말하시오.

- 근비대를 위한 3요소는 영양, 휴식, 운동이다.

■ 트레이닝의 기본 요소에 대해 설명하시오.

- 어떤 유형의 운동을 어떤 강도로 얼마나 자주 실시하는가가 트레이닝의 구성 요소이며 운동 형태, 운동 강도, 운동 시간, 운동 빈도로 구분한다.
  ① 운동형태: 질적 요소로 유산소운동·무산소운동 등 트레이닝의 목적에 따른 운동의 유형을 말한다.
  ② 운동강도: 질적 요소로 어느 정도의 강도로 운동을 할 것인가를 결정하는 척도이다.
  ③ 운동시간: 양적 요소로 어느 정도의 시간동안 운동을 수행하는가의 요소이다.
  ④ 운동빈도: 주 3주·주 4회 등 어느 정도의 간격으로 운동을 할 지의 요소이다.

■ 보디빌더 초보자에게 가장 중요한 것은 무엇인가?

- 과도한 욕심으로 무리하게 운동에 참여하는 경우가 많다. 그러므로 운동, 영양, 휴식 세 가지 중요 요소에 대한 이해가 선행되어야 한다. 점진적 과부화, 피라미드법, 분할훈련법 등으로 안전하게 운동프로그램에 참여할 수 있도록 한다. 웨이트머신을 이용해 운동 상해의 위험을 최대한으로 줄이는 것이 좋다.

■ 전문 보디빌더를 위한 가장 중요한 훈련양상은 무엇인가?

- 부상을 방지하는 바른 자세와 적절한 운동강도의 유지가 중요하다. 경기의 출전을 고려한 구체적인 훈련의 계획을 가져야 하며 훈련의 과정에 발생할 수 있는 오버트레이닝을 예방하기 위하여 운동, 영양섭취, 휴식이 모두 훈련의 연장이라는 점을 잊어서는 안 된다.

■ 적당한 자세를 사용한 후에는, 무엇이 근육성장을 위한 다음 단계인가?

- 점진적인 강도 증가, 근육에 신선한 충격을 주기 위한 변형 테크닉, 상해방지 스트레칭이 중요하다. 각 신체 부위별로 세분하여 운동의 강도를 점진적으로 높이고 근육에 다양한 자극을 주기위한 컴파운드, 디센딩 등 다양한 훈

련방법을 활용한다.

- 운동이 끝난 후에는 영양섭취, 휴식 그리고 충분한 수면을 취해준다.

■ 여성은 남성에 비해서 훈련방법에 차이가 있을까?

- 성별에 따른 훈련방법에는 큰 차이가 없다. 다만 개인적인 근력과 훈련 목적에 차이가 있을 수 있다. 또한 성별에 따른 호르몬의 차이로 근성장 속도가 다르므로 훈련기간과 시간에 차이가 발생한다. 여성은 남성에 비해 가역성의 원리가 더 크게 나타나므로 꾸준한 운동과 노력이 요구된다.

■ 나이든 사람은 젊은 사람에 비해서 다르게 운동을 해야 되는가?

- 나이가 들면 노화로 인해 근육량, 골밀도가 감소하여 근력이 많이 약화된다. 또한 폐활량, 유연성, 신경반사작용 등의 측면에서 운동수행에 불리한 조건을 가지게 된다. 그리고 노화와 함께 노인성 질환을 가지는 경우도 많아지고 있다. 따라서 젊은 사람에 비해 강도, 운동빈도, 운동시간 등의 요소를 철저히 고려하여 시행하여야 한다.

■ 내가 근력 증가에 관심이 있다면, 가장 좋은 반복횟수는?

- 초급자의 경우에는 고반복 훈련으로도 근력의 향상이 나타난다. 하지만 중상급자의 경우에는 1RM의 85~90% 정도의 강도로 3~6회 반복 운동이 권장된다.

■ 내가 보디빌딩을 하고 있다면, 저횟수 방법을 피해야 하는가?

- 고중량 저반복 횟수의 훈련은 부상의 위험이 크다는 단점이 있다. 하지만 최대 근력을 획기적으로 늘릴 수 있다는 장점이 있기 때문에 휴식과 영양섭취, 충분한 수면 등의 잘 지킨다면 좋은 훈련이 될 수 있다.

■ 얼마나 자주 저횟수를 사용해야 하는가?

- 개인의 신체 회복능력과 훈련의 목적에 따라 달라진다. 부상의 위험을 최소화한다는 전제하에 2~4주에 한 번 정도의 고중량 훈련이 적절하다. 만약 근력과 근비대를 동시에 고려한다면 2번 중 1번 정도의 빈도로 저횟수 훈련을 실시한다.

■ 근육량 증가를 위해 가장 좋은 반복횟수범위는?

- 이론적으로는 6~12회가 이상적이다. 하지만 초보자의 경우에는 15~20회, 중급자의 경우에는 12~15회, 상급자의 경우에는 6~10회가 적당하다.

■ 근육의 사이즈와 근력은 상관관계가 있는가?

- 근육량과 근력은 상관관계가 있지만 정비례하지는 않는다. 근력은 근육량만으로 결정되는 것이 아니며, 신경조절 능력, 근횡단면적, 근섬유 배열상태, 근육길이, 관절각, 근수축속도, 관절각속도 및 신체 크기 등 다양한 생체역학적 요인들에 좌우되기 때문이다.

■ 훈련을 하기에 가장 좋은 시간은 언제인가?

- 개인의 생활과 생체 리듬에 따라 달라지지만 일반적으로 오후 시간을 권장하고 있다. 시간대로는 점심 12시부터

오후 6시까지이다. 교감신경의 작용 등 신체가 운동에 잘 대비되어 있기 때문이며 숙면 등 기타의 이점을 누릴 수 있기 때문이다.

■ 1주일에 며칠 훈련을 해야 되나?

- 우선 훈련의 목적, 개인의 체력수준과 신체상태, 시간적 여유 등을 고려할 필요가 있다. 충분한 조건이 마련되었다고 해도 지나치게 잦은 훈련은 만성 피로감과 부상을 야기할 수 있다. 일반적으로 일반인은 주 3~4회, 선수는 주 5~7회가 적당하다.

■ 피로회복에 걸리는 시간은 24~48시간이 걸리는가?

- 회복시간은 개인의 운동강도, 영양섭취, 휴식의 정도 등에 좌우된다. 일반적으로 24~48시간으로 보지만 72시간 이상이 필요하기도 하다. 작은 근육은 큰 근육에 비해 회복속도가 빨라 12~24시간이면 회복이 되며, 큰 근육일수록 회복 속도가 지연된다. 72시간 이후에도 지속되는 통증이 있다면 이는 부상일 가능성이 있으므로 주의가 필요하다.

■ 근력, 근지구력을 위한 부하와 반복 횟수는?

① 근력을 키울 때

- 최대근력의 85~95%의 강도로 3~6회 반복을 3세트로 실시한다.
- 휴식은 3~5분 정도로 길게 취한다.
- 1RM X 85% X 6회 이하 X 3set, 세트당 3 ~ 5분 휴식

② 근지구력을 키울 때

- 최대근력의 35~65%의 강도로 12회 이상 반복을 3세트로 실시한다. 휴식은 30초 정도로 짧게 취한다.
- 1RM(최대근력) X (35~65 %) X 12 ~ 15회 X 3set, 세트당 30초 휴식

■ 점진적 과부하의 원칙(원리)은 무엇인가?

- 근력은 트레이닝에 의해 증가하다가 인체가 일정한 부하에 적응을 하게 되면 더 이상 증가하지 않고 정체현상이 나타난다. 반대로 지나치게 빠르게 부하를 높이면 부상 등의 부작용을 겪을 수 있다. 따라서 운동의 부하를 점진적으로 늘려가는 것이 필요하다. 이를 점진적 과부하의 원리라고 한다.

■ 운동 시 고원현상은 무엇인가?

- 어느 수준까지 증가하던 학습 효과가 피로, 권태, 흥미의 상실 등 생리적·심리적 요인으로 더 이상 발전하지 않고 정체되어 있는 현상을 말한다.

■ 유산소성 운동의 필요성과 효과는 무엇인가?

- 근력운동에서도 심폐기능의 강화가 선행되어야 수행능력을 향상시킬 수 있다.
- 또한 유산소 운동은 고혈압, 협심증, 심근경색 등 심혈관 질환 위험 감소와 당뇨, 비만 등 성인병에 대한 예방효과

를 가진다.

- 더불어 우울증이나 불안감의 해소 등 심리적인 문제를 해결하는데도 도움을 주며 지방을 에너지원으로 활용하는 운동양식이기 때문에 비만의 해소에도 효과적이다.

■ 운동 자각도(RPE)에 대해 설명하시오.

- 보그(Borg)라는 사람이 개발한 지수로 운동 당사자가 힘든 운동이라고 생각하는 주관적 느낌을 6~20의 지수로 나타낸다. 가장 편안한 느낌이 6이면 가장 힘든 느낌은 20에 해당하며, 여기에 10을 곱하여 목표 심박수를 결정할 수 있다.

■ 오버트레이닝이란 무엇인가?

- 트레이닝을 지나치게 과도하여 훈련과 회복 사이에 불균형이 발생한 상태를 말한다.
- 감당할 수 있는 수준을 넘어선 과도한 빈도수로 트레이닝을 하는 경우이다.
- 오버트레이닝의 결과 피로, 무기력, 동기의 저하 등이 발생하며 더 나아가 체중감소나 근력저하 등의 신체적 문재가 발생하기도 한다.

■ 내가 오버트레이닝이란 것을 어떻게 알 수 있을까?

- 피로감, 무기력, 의욕의 상실 등과 함께 근력의 저하가 발생한다. 또한 식욕의 저하와 몸살 증상을 느끼기도 한다.

■ 오버 트레이닝의 극복하는 방법은?

- 오버 트레이닝은 과도한 경쟁심이나 강박증에 의해 나타날 수 있다. 따라서 경쟁의식을 떨치고 운동 자체를 즐기는 마음가짐이 필요하다. 오버트레이닝으로 피로감과 무기력을 느낄 때에는 충분한 휴식과 영양공급이 필요하다.

■ 최대 심박수와 목표 심박수를 구하는 방법을 말하시오.

① 최대 심박수(MHR) = 220 - 자기 나이
② 목표 심박수(THR) = (최대 심박수 - 안정 시 심박수) x 운동 강도 + 안정 시 심박수

■ 유산소성 운동 시 운동 강도를 결정하고 싶을 때 사용되는 운동 강도의 종류에 대해서 설명하시오(HRmax, RPE, 최대산소섭취량 등).

- 유산소운동의 강도는 주로 세 가지로 결정한다. HRmax(최대심박수), RPE(피로자각도), 최대산소섭취량 등이 그것이다.

① 최대심박수를 이용하는 방법은 최대심박수 공식인 (220-훈련자의 나이)를 통해 훈련자에 적합한 목표심박수를 정하는 것으로 간단하게 활용할 수 있지만 훈련자의 체력이나 심폐기능의 차이에 따라 오차가 크다는 단점이 있다.

② 피로자가도란 훈련자가 운동 중 느끼는 주관적 느낌을 6~20까지의 숫자로 척도화한 지표를 활용하는 방법이다. 가장 편안한 느낌이 6이라면 가장 힘든 느낌이 20에 해당하며, 이 수치에 10을 곱하여 대략의 목표심박수를

결정할 수 있다.

③ 산소섭취량을 통해 운동강도를 결정할 수도 있다. 최대산소섭취량이란 운동의 강도가 최대에 이르렀을 때 단위시간당 얼마만큼의 산소를 섭취할 수 있는가를 나타내는 용어로 훈련자의 심폐기능과 산소이용능력에 의해 결정되므로 비교적 정확한 운동강도를 결정할 수 있지만 고가의 장비와 장비 활용을 위한 전문인력, 장소 등의 필요성 때문에 쉽게 활용되기는 어렵다.

■ 트레이닝 역치에 대해 설명하시오.

• 운동을 시작하고 근육에 자극이 발생하는 시점이다. 웨이트 트레이닝 시 역치 이상의 부하를 가해야 운동 효과가 나타난다.

■ 젖산 역치에 대해 말하시오.

• 고강도의 부하 운동은 근육에 젖산을 축적시킨다. 인체는 이 젖산을 제거하는데, 젖산의 축적 속도가 제거 속도보다 빠르면 근육 피로와 고통이 발생한다. 이 시점을 젖산 역치라고 한다.

■ 저항운동 시 발생하는 지연성 근육통은 무엇인가?

• 지연성 근육통이란 운동 후 즉시 발생하는 것이 아니라 24~72시간에 걸쳐 서서히 나타나는 근통증을 말한다. 주로 운동 후 12~48시간 정도에 최고조의 통증을 느끼게 된다. 발생원인은 정확히 밝혀지지 않았지만 평소에 사용하지 않던 근육을 무리하게 사용해 근섬유에 미세한 파열이 일어나 통증이 유발되는 것으로 알려져 있다. 예방을 위해서는 충분한 준비운동과 정리운동, 정확한 자세, 훈련자에 맞는 적절한 강도의 설정, 휴식 등이 필요하다.

■ 근육통의 종류에 대해 설명하시오.

• 근육통은 근육에 미세한 상해를 입었을 때 발생하며, 훈련이 효과적으로 수행되고 있는지를 알려 주는 좋은 지표가 된다.

① 지연성 근육통(DOMS) : DOMS(Delayed-Onset Muscle Soreness)라고 하며, 훈련을 마친 뒤 바로 다음 날이 아닌 이틀 정도 후에 나타나는 근육통이다. 근육이 구조적인 손상을 입어 수축되면서 근육의 길이나 가동 범위가 줄어들고 신경근성 기능에 이상이 생겨 발생한다. 5~6일, 길게는 1주일 정도 후에 회복된다.

② 가벼운 근육통 : 훈련을 한 다음 날 느끼는 가벼운 통증이다. 근육 섬유에 생기는 미세한 상해와 운동 중 발생한 젖산의 축적이 원인이다.

③ 부상과 관련된 근육통 : 훈련 다음 날 근육뿐만 아니라 관절을 움직일 수 없을 정도의 심한 통증이다. 부상의 성격에 따라 지속적으로 통증이 생기기도 하고, 관절과 근육을 움직일 때만 통증이 발생하기도 한다.

■ 초과 회복에 대해 설명하시오.

• 트레이닝 휴식 시간 동안 운동 전의 수준보다 더 높은 수준으로 회복되는 신체 생리 현상이다.

■ 웨이트 트레이닝을 하면 근육이 비대해지는 이유는 무엇인가?

• 트레이닝 중에 근육, 인대 등의 신체기관은 손상을 입는다. 그리고 휴식과 음식의 섭취를 통해 신체는 손상된 부위

를 재구성하는 과정을 거친다. 그런 과정에서 근육은 다음 손상에 대비하여 더욱 견고한 방어체계를 만들고자 노력하고 이 결과로 근비대가 발생하는 것이다.

■ 기회의 창에 대해 말하시오.

- 고강도 운동 후 인체는 회복을 위해 영양을 빠르게 흡수하는 상태가 되는데, 이때 단백질을 섭취하면 근육이 잘 형성된다. 이를 기회의 창이라고 하며 보통 운동 후 약 30분 이내에 해당한다.

■ 체지방 감량을 위한 가장 효과적인 유산소 운동방법은?

- 지방이 주 에너지원으로 사용되려면 중등강도의 운동양식을 선정해야 한다.
- 1주일에 최소 4회 이상 최대심박수 40~80%의 강도로 40분 이상 실시하는 것이 좋다.
- 대표적인 운동으로는 조깅, 오래달리기, 자전거, 수영, 크로스컨트리 등이 있다.

■ 스포츠 빈혈에 대해 설명하시오.

- 스포츠 빈혈은 격렬한 운동으로 강한 압력에 적혈구가 충격을 받아 막이 터지면서 적혈구 내 헤모글로빈이 유출되는 '용혈'이라는 현상에 의해 발생하는 빈혈이다.

■ 세컨드 윈드에 대해 설명하시오.

- 고강도의 운동을 지속하다 보면 정신적, 육체적으로 견디기 어려워 포기하고 싶은 순간이 오는데 이를 사점(Dead Point)이라고 한다. 이 사점을 넘으면 호흡이 쉬워지면서 편한 상태로 운동할 수 있는데 이때의 상태를 세컨드 윈드 (Second Wind)라고 한다.

■ 웨이트 트레이닝 시 여성이나 40대 이상의 성인들에게 권장할 최적의 부하강도와 세트 수는?

[여성]
- 여성은 근력(특히 상체근력)이 약한 경우가 많기 때문에 저강도의 지구성 운동을 권장한다. 40대 이상의 여성의 경우 폐경을 기점으로 근육이나 골밀도의 감소량이 급격하게 늘어나므로 몸에 무리를 주지 않는 30~50%의 강도로 20세트 정도의 운동이 권장된다.

[남성]
- 40대 이상의 남성은 오랜 기간 운동을 쉰 경우에는 강도를 점진적으로 서서히 몸에 적응시킬 필요가 있다. 40대 이상의 남성은 서서히 신체능력의 퇴화가 진행되는 시기이므로 40~65%의 강도로 25세트 가량의 운동이 권장된다.

■ 노인들의 건강증진을 위한 가장 효과적인 저항운동을 2개 이상을 예를 들어 설명하시오.

- 노년기에는 근력, 유연성, 평형능력 등이 약화되어 있으므로 일상적이고 기본적인 움직임부터 시작하는 것이 좋다.
- 의자에 앉았다 일어나기, 물건 옮기기, 누웠다 일어나기 등도 자신의 체중을 이용한 운동으로부터 시작하여 근력 등의 운동능력이 향상되면 그 후 웨이트머신을 이용하는 것이 좋다.

■ 고통 없이 얻을 수 없다(No pain no gain)는 슬로건은 진실인가?

• 적절한 휴식과의 배합 없이, 무작정 고통만을 추구하는 훈련방식은 높은 부상의 가능성에 노출될 수 있다. 하지만 더 크고 강한 근육을 얻기 위해서는 강도 높은 훈련을 이겨낼 정신적 동기부여가 필요하다는 점에서 좋은 슬로건이 될 수도 있다.

---

02 과학적 지도방법

■ 항상성에 대해 설명하시오.

• 항상성(Homeostasis)은 인체 기능을 정상적으로 유지하기 위하여 자극에 대해서 적절하게 반응하고 적응하는 기능이다.

■ 에너지 대사과정을 설명하라.

• 에너지 대사란 외부로부터 받아들인 물질을 분해 합성하여 에너지를 얻는 과정을 말한다. 이때 에너지를 얻을 수 있는 물질을 에너지원이라고 하는데 탄수화물, 지방, 단백질이 그것이며 이 물질들을 분해 합성하여 직접적인 에너지로 쓰일 수 있는 ATP를 얻는 과정이 에너지 대사인 것이다.

• 우선 탄수화물은 해당과정과 젖산시스템을 통해 ATP로 변환되며, 운동초기와 폭발적인 힘을 요구하는 운동에서 주로 활용된다. 하지만 해당과정과 젖산시스템을 통해 얻어지는 ATP의 양은 많지 않고 젖산이라는 피로물질을 발생시켜 지속시간이 길지 않다.

• 운동의 강도가 중등강도이고 산소가 충분히 공급되는 상태에서는 지방이 에너지원으로 활용된다. 이를 유산소 시스템이라고 하는데 산소만 지속적으로 공급되고 중등 정도의 운동강도가 유지된다면 거의 무제한의 ATP를 생성할 수 있다는 장점을 가진다.

• 운동의 강도가 높아지고 운동의 시간이 길어지면 단백질을 분해하여 ATP를 생성하기도 한다.

■ 에너지 소비량의 종류에 대해 설명하시오.

① 기초 대사(BM; Basal Metabolism) : 몸이 완전히 휴식 상태에 있을 때의 대사를 의미한다.

② 안정 대사(RM; Resting Metabolism) : 기초 대사 상태로부터 앉아서 식사를 하는 정도의 간단한 활동 시의 대사를 말한다.

③ 활동 대사(WM; Working Metabolism) : 일상적인 활동과 노동 및 운동 등을 할 때의 대사를 말한다.

■ 동화 작용과 이화 작용에 대해 설명하시오.

• 동화 작용(Anabolism)은 근육에 단백질을 합성해주는 작용이고, 이화 작용(Catabolism)은 근육이 분해되는 작용을 의미한다. 웨이트 트레이닝을 하면 이화 작용보다 동화 작용이 더 활발하게 발생하므로 운동 직후 '기회의 창'을 이용하여 영양을 섭취해 주는 것이 근육의 형성에 유리하다.

■ ATP(아데노신삼인산)에 대해 설명하시오.

- 생물의 세포가 직접적으로 사용하는 에너지원으로 탄수화물, 지방, 단백질이 산소를 만나 ATP를 생성하여 생명 활동에 이용한다.

■ 에너지 대사 시스템에 대해 설명하시오.

- 인체가 신체 활동을 하기 위해서는 에너지가 필요하다. 근육에서 직접적으로 사용할 수 있는 화학적 에너지는 ATP(Adenosine Tri Phosphate)이다. 이 ATP를 재합성하여 에너지로 사용하는 ATP-PC(인원질) 시스템과 젖산 시스템의 무산소성 과정이 있고, 유산소 시스템의 유산소성 과정이 있다.

■ ATP-PC 시스템에 대해 설명하시오.

- 강한 근력 운동 시 근육에 저장되어 있는 ATP가 사용되며 근수축에 필요한 에너지를 방출하는 시스템이다. 하지만 근육 속에 저장되어 있는 ATP의 양은 아주 소량이므로 ATP는 ADP+P로 분해가 되고 PC가 C+P로 분해되면서 ADP + P를 ATP로 재합성한다. 이때 ATP의 양은 최대 운동을 할 때 1~2초 동안, PC는 약 6~8초 후에 고갈된다.

■ 유산소 시스템에 대해 설명하시오.

- 유산소 시스템은 중등강도 이하의 운동에서 산소를 이용하여 에너지를 만드는 시스템이다. 운동 시 산소가 충분히 공급될 경우 글리코겐이 이산화탄소와 물로 분해되면서 ATP를 생성하고 젖산의 축적을 막으면서 ATP를 생성하므로 주로 장시간 운동에 사용된다.

■ 유산소 운동시 주로 사용되는 에너지원은 무엇인가?

- 산소가 충분히 공급되는 상태에서 행해지는 중등 강도의 운동을 유산소운동이라고 한다.
- 유산소운동에서는 지방이 에너지원으로 활용된다.

■ 웨이트 트레이닝의 연료원은 무엇인가?

- 웨이트 트레이닝과 같이 짧은 시간 동안 폭발적인 파워를 필요로 하는 운동에는 근육에 저장되어 있던 PCr(포스포크레아틴)을 ATP로 변환하는 ATP-PC 시스템을 통해 에너지를 사용하고 그 이후부터는 탄수화물을 분해하여 ATP를 생성하는 해당과정을 통해 에너지를 얻는다.

■ BMR에 대해 설명하시오.

- BMR(Basal Metabolic Rate)은 기초 대사율의 약어. 생명 유지에 필요한 최소의 열량을 기초 대사량이라고 하는데, 실제 검사한 기초 대사량과 피검사자의 연령, 성별에 해당하는 표준 대사량과의 차이를 표준 대사량으로 나누고 100을 곱하여 얻은 수치로 구한다.

■ 우리 몸의 필수 영양소에 대해 설명하시오.

- 우리 몸의 3대 영양소에는 탄수화물, 지방, 단백질이 있으며, 6대 영양소로 말할 때는 무기질(미네랄), 비타민, 물

(수분)이 포함된다.

■ 트레이닝을 위한 에너지 영양소에 대해 설명하시오.

• 에너지 영양소는 크게 탄수화물, 단백질, 지방으로 구분하며, 이는 ATP를 합성하는 데 신체활동 시 필요한 에너지를 공급하기 위하여 화학적으로 분해된다.

■ 영양소 1g당 칼로리의 양을 말하시오.

• 단백질은 4kcal, 지방은 9kcal, 탄수화물은 4kcal이다.

■ 탄수화물 섭취 후 탄수화물이 저장되는 세 곳을 말하시오.

• 근육과 간에 글리코겐(Glycogen)의 형태로, 혈액 속에는 글루코스(Glucose)의 형태로 저장된다.

■ 시합을 앞두고 체중 감량 시에 탄수화물을 꼭 섭취해야 하는 이유는?

• 탄수화물은 필수 영양소로 생명유지, 운동의 수행을 위해서 반드시 필요하며 지속적으로 탄수화물이 결핍될 경우 저혈당, 우울감, 수면부족, 신경과민 등의 병리적 현상이 유발될 수 있다.이런 이유로 탄수화물의 섭취는 반드시 필요하며, 대회 전 일정기간 일부러 탄수화물의 섭취량을 늘려 근육 내 글리코겐의 양을 증가시키는 카보 로딩을 활용하기도 한다.

■ 젖산 시스템에 대해 설명하시오.

• ATP 시스템에 의한 에너지 고갈 후 근육과 간 속에 있는 글리코겐을 사용하는 시스템이다.

• 글리코겐은 해당 과정을 거쳐 피루브산으로 분해되면서 ATP를 생성하는데 이때 산소가 불충 분하면 젖산 시스템을 통해 젖산으로 변환되며 에너지로 바뀐다. 젖산 시스템은 ATP-PC 시스템 다음으로 빠른 속도로 에너지 생산이 가능하지만 글리코겐의 최종 부산물인 젖산이 축적되어 근육에 피로와 고통을 초래한다. 웨이트 트레이닝과 같은 높은 강도의 저항운동에 젖산 시스템이 주로 사용된다.

■ 단백질의 기능 및 종류에 대해 설명하시오.

① 기능 : 세포, 생체의 구성 성분이 되며 효소나 호르몬을 생성하는데 이용된다. 근수축을 위한 기본 요소로 에너지 대사에 활용될 경우 1g당 4kcal의 열량으로 변환된다.

② 종류 : 아미노산으로 만들어지는 고분자 N화합물과 식물성 단백질, 동물성 단백질이 있다.

■ 완전 단백질과 불완전 단백질에 대해 설명하시오.

• 완전 단백질은 생명체의 성장과 유지에 필요한 필수 아미노산을 포함하고 있으며, 그 종류에는 소고기, 닭고기, 달걀, 생선 등이 있다. 불완전 단백질은 필수 아미노산이 하나 이상 없고, 그것만의 섭취로는 생명체의 성장과 유지에 부족하다. 그 종류에는 두부, 견과류, 곡류 등이 있다.

■ 단백질 섭취 시기에 대해 설명하시오.

• 운동 직후 60분 이내가 동화 작용을 촉진시킬 수 있는 기회의 창이므로 이때 단백질을 섭취해 주는 것이 근형성에

유리하다.

■ 유청 단백질에 대해 설명하시오.

• 우유에서 추출한 고급 단백질로 흡수가 빨라 운동 후 빠른 영양 공급을 위해 섭취하기도 한다.

■ 유장 단백질에 대해 설명하시오.

• 유장단백질은 유장에서 분리된 구형 단백질의 혼합물로 주로 치즈 생산의 부산물로 생성되는 액체 물질이다. 단백질 20%, 락토오스 80%로서 동물성 단백질이기 보다는 동물성 탄수화물에 가깝다고 볼 수 있다. 일반적으로 체중 감량, 항산화, 근 성장에 도움을 주는 식이 보충제로 판매되고 있으며 원료의 가격은 유청단백질보다 낮지만 소화 장애, 두통, 피로감 등의 부작용을 유발할 수 있다는 단점을 가진다.

■ 지방의 기능 및 종류에 대해 설명하시오.

① 기능 : 1g당 9kcal이라는 가장 많은 열량을 생성하는 에너지원이며 주로 중등 강도 이하의 운동에 활용된다. 그밖에도 지용성 비타민 흡수 및 운반, 허기 억제의 기능 등을 가진다.

② 종류 : 체내에서 중성 지방의 형태로 저장되는데 지방산은 포화 지방산과 불포화 지방산으로 분류한다.

■ 포화 지방과 불포화 지방에 대해 설명하시오.

• 포화 지방은 상온에서 굳어지는 특징이 있고, 다량 섭취 시 심혈관 질환을 유발한다. 반면, 불포화 지방은 견과류나 생선류에 많이 포함되어 있고 상온에서 굳어지지 않으며 콜레스테롤 수치와 심혈관 질환 발생 위험을 낮춰 주는 역할을 한다.

■ 체지방에 대해 말하시오.

• 체지방에는 피하 지방과 내장 지방이 있다. 피하 지방은 피부 밑에 있는 지방을 말하며, 내장 지방은 인체의 장기 사이에 끼어 있는 지방을 의미한다.

■ 콜레스테롤에 대해 설명하시오.

• 인체 내에 있는 지방의 한 종류로 세포막 형성. 호르몬 합성 등의 기능을 가진다.

• HDL은 조직에 있는 콜레스테롤을 간으로 운반, LDL은 간에 있는 콜레스테롤을 조직으로 운반하는 기능을 한다. LDL이 높으면 콜레스테롤이 혈관 벽에 쌓여 심혈관계의 질환을 일으킨다.

■ DHA에 대해 설명하시오.

• 도코사헥사엔산이라고도 불린다. 생선의 몸체나 눈 뒷부분의 지방에 많이 포함되어 있는 오메가-3 지방산의 일종이다. 뇌의 활동에 도움을 주고, 콜레스테롤의 수치를 낮추며, 치매나 암을 예방하는 효과가 있다.

■ 당(Sugar)에 대해 설명하시오.

• 당이란 식용 결정체이고 단맛을 내는 수크로스(설탕, 자당), 락토스(젖당), 프럭토스(과당) 등의 물질들을 지칭하는 비공식적인 용어이다. 탄수화물 중에서 작은 분자로 이루어지고, 물에 녹아서 단맛이 나는 물질을 통칭한다. 체

내에서 중요한 에너지 공급원의 역할을 한다.

■ 포도당에 대해 설명하시오.

• 포도당은 탄수화물 대사에서 중요한 화합물이다. 섭취된 탄수화물이 포도당으로, 포도당은 다시 피루브산, 아세틸CoA(아세틸 코에이)의 순서로 변환되어 TCA회로에서 ATP로 바뀌게 된다. 이런 과정을 당을 분해하는 과정이라고 하여 해당과정이라고 부른다. 에너지 대사에서는 포도당의 양을 조절하는 것이 중요한데, 호르몬의 이상으로 혈중 포도당의 양을 조절하지 못해 포도당이 소변으로 배출되는 병을 당뇨병이라고 한다.

■ 글리코겐에 대해 말하시오.

• 글리코겐은 포도당으로 이루어진 다당류이다. 동물의 세포에서 단기적인 에너지원을 저장하는 용도로 쓰인다. 혈당량이 감소하면 운동을 위한 에너지의 공급이 줄어들게 되는데 이때 분해되어 혈당을 보충하게 된다.

■ 글리코겐 로딩에 대해 설명하시오.

• 글리코겐 로딩(Glycogen Loading)은 시합 1주일 전 훈련량을 줄이고 탄수화물을 많이 섭취함으로써 탄수화물 저장량을 높여 경기력을 향상시키는 방법이다.

■ 카보 로딩에 대해 설명하시오.

• ATP로 변환되어 에너지로 쓰이게 되는 글리코겐의 양을 증가시키는 방법이다. 글리코겐은 주로 탄수화물을 분해하여 축적된다. 경기 전 약 1주일간 탄수화물의 섭취량을 폭발적으로 늘림으로써 간과 근육에 글리코겐의 양을 증가시킬 수 있다.

■ 인슐린(Insulin)에 대해 설명하시오.

• 이자(췌장)의 β세포에서 분비되어 인체의 물질대사 체계에 중요한 역할을 하는 호르몬 중 하나이다. 혈액 속의 포도당 수치인 혈당량을 일정하게 유지시키는 역할을 한다. 혈당량이 일정 이상으로 높아지면 인슐린이 분비되며, 혈액내의 포도당을 세포 내로 유입해 다시 다당류(글리코겐)의 형태로 저장하는 작용을 촉진시킨다. 인슐린 분비가 부족하면 혈중 포도당이 글리코겐으로 저장되지 못하고 소변으로 배출되는 당뇨병이 발생한다. 인슐린 분비가 과다하면 저혈당증상이 생기며 체내에 지방이 지나치게 높아져 과체중이 나타나게 된다.

■ 당뇨병의 종류에 대해 설명하시오.

• 당뇨병은 인슐린의 분비량이 부족하거나 정상적인 기능이 이루어지지 않는 질환이다. 제1형은 소아당뇨라고도 라며 인슐린을 전혀 생산하지 못하는 것이 원인이며 주로 어린 나이에 발병한다.
• 제2형은 인슐린 저항성 때문에 발생하며 특징이며 가장 흔하게 발생하는 당뇨병 형태이다.

■ 인체에서의 수분의 역할에 대해 설명하시오.

• 인체의 60~70%는 수분으로 구성되어 있으며, 수분은 체온 조절, 물질대사, 영양소 전달, 노폐물 배출 등의 역할을 한다.

■ 운동 중 수분을 섭취해야하는 이유를 말하시오.

- 운동 중에는 수분이 땀으로 배출되어 혈액 내 수분이 줄고, 이로 인해 세포에 공급되는 산소와 영양소도 줄어 운동의 효율성이 떨어진다. 또한 수분의 부족으로 인해 체온 조절에도 문제가 생기므로 적절한 양의 수분 공급이 필요하다.

■ 탈수 현상에 대해 설명하시오.

- 수분은 체내에서 영양소의 전달, 물질대사, 체온 조절, 삼투압의 유지 등의 생명 유지를 위한 중요한 역할을 한다. 이러한 체내 수분이 부족한 탈수가 발생하면 생리적 기능이 상실되어 운동 능력이 심각하게 저하되고 체온 조절 능력이 상실되는 등의 심각한 문제가 발생하게 된다.

■ 보디빌딩에서 시합 전 수분 조절 방법에 대해 설명하시오.

- 시합 1~2주 전에는 충분한 수분을 섭취하여 체내의 염분을 배출하고, 시합 하루 전부터는 수분 섭취를 조절하며 배출하여 근육 선명도를 높여준다.

■ 보디빌딩에 맞는 영양섭취 계획에 대하여 말하시오.

- 총 칼로리 섭취량을 늘리고 양질의 식품을 하루 5~6끼로 나누어 꾸준히 섭취한다. 나트륨, 기름 등이 많은 패스트푸드나 정크푸드의 섭취를 줄인다. 탄수화물, 단백질, 지방의 비율은 5:3:2 정도이며, 비타민과 미네랄도 충분히 섭취한다.
- 보충제를 활용할 수 있다.

■ 비타민의 역할과 필요성에 대해 설명하시오.

- 세포 안에서 특수한 대사 기능을 수행하기 위해 신체가 극소량 필요로 하는 유기 화합물로 사람과 동물의 정상적 성장과 기능 유지에 필요하다. 탄수화물, 지방, 단백질, 미네랄, 물과 함께 필수 영양소로 13가지의 비타민 중 한 가지만 부족하여도 성장기에 성장 부진이나 영양 부족을 유발할 수 있다.

■ 비타민의 종류에 대해 설명하시오.

- 비타민은 수용성과 지용성 비타민 두 종류로 구분된다.
  ① 수용성 비타민(비타민 B, C)은 많이 섭취하여도 몸속에 축적되지 않고 과잉 섭취된 부분이 대부분 소변을 통해 빠져나간다.
  ② 지용성 비타민(비타민 A, D, E, K은 몸속에 축적되기 때문에 과잉 섭취할 경우 부작용을 초래 할 수 있다.

■ 비타민 C에 대해 말하시오.

- 비타민 C는 근육 운동이나 스포츠 활동에 사용된다. 특히 아주 무더운 상태에서 체내의 비타민 보존량이 감소할 때 사용된다. 또한 항암 작용 및 감기 예방, 피부 치료 기능 향상 등의 효과가 있다.

■ 엽산에 대해 설명하시오.

• 헤모글로빈 형성에 관여하는 비타민 비(B) 복합체로 DNA와 RNA 합성에 있어서도 중요한 비타민의 일종이다.

■ BCAA에 대해 설명하시오.

• 분지사슬아미노산이라고도 불리며 필수 아미노산인 로이신, 이소로이신, 발린 등을 말한다. 근육 분해의 억제, 면역력의 증대, 지방의 분해, 피로회복, 지구력 강화 등의 효과를 가진다. 체내에서 합성하지 못하기 때문에 반드시 음식물을 통해 섭취해야 한다. 운동 전, 운동 중에 섭취하는 것이 효과적이다.

■ 아르기닌의 효과에 대해 말하시오.

• 단백질의 생합성에 사용되는 α-아미노산이다. 아르지닌이라고도 한다. 엘-아르기닌은 아미노산 보충 등의 목적으로 사용하고, 혈관 이완을 통해 혈행 개선에 도움을 주는 기능성 원료로도 사용한다.

■ 망간에 대해 설명하시오.

• 망간은 뼈 구조의 핵심 구성 요소인 콜라겐 합성을 도와 건강한 뼈의 형성과 유지에 중요한 역할을 한다. 또한 에너지 대사에 활용되어 탄수화물, 단백질, 콜레스테롤의 분해와 활용을 도와 최적의 에너지 생산과 전반적인 대사 균형을 유지하는 데 도움을 준다.

■ 카르니틴에 대해 설명하시오.

• 카르니틴은 염기성 아미노산 라이신과 메티오닌, 그리고 암모늄 이온을 포함하고 있는 비타민 B 복합체 중 하나이다. 필수 아미노산인 라이신과 메타오닌이 간에서 합성된 효소이다. 지방을 분해한 지방산을 미토콘드리아로 옮겨 분해하여 에너지로 변환시키는 데 매우 역할을 한다.

■ 엘카르니틴에 대해 설명하시오.

• 엘카르니틴(L- Carnitine)은 지방산을 에너지로 변환하는 효소이다. 운동 전 섭취하면 지방산의 산화를 촉진하고 근육의 활동을 증가시켜 에너지의 제공과 피로감 해소하는 데 도움이 된다.

■ 글루타민에 대해 설명하시오.

• 글루타민은 글루타믹산의 하이드록시기가 아민으로 바뀐 아미노산의 일종이다. 체내에서 가장 풍부한 아미노산으로 근육조직의 형성과 유지, 면역력 증진 등에 중요한 역할을 한다.

■ 글루탐산에 대해 말하시오.

• 글루타믹산이라고도 한다. 글루탐산은 20가지 단백질 아미노산 가운데 하나이며 신경전달물질로 작용한다. 음식을 통해 섭취가 가능하며, 감칠맛을 내는 효과가 있어 조미료에 많이 사용되고 있다.

■ 크레아틴에 대해 말하시오.

• 크레아틴(Creatine)은 주로 붉은색 육류나 생선에 많이 함유된 아미노산이다. 크레아틴은 주로 근육에 저장되는

데 약 95%의 크레아틴이 골격근에 저장되어 있다. 그중 50%는 인산크레아틴(Phosphocreatine) 형태로 저장되며 보통 70kg 정도의 남성에게 저장된 근육 내 크레아틴은 약 120g 정도이다.

■ 크레아티닌에 대해 설명하시오.

- 크레아틴인산과 크레아틴의 대사산물로 혈액 속이나 근육에 존재한다. 신장의 사구체에서 여과되어 일부는 세뇨관을 통해 체외로 배출된다. 신장 기능에 이상이 있을 경우 배설이 원활하지 못할 수 있으며 이때 심부전증, 쇼크 등의 신체 이상이 발생하게 된다.

■ 크레아틴 섭취는 운동수행능력을 향상시킬 수가 있는가?

- 크레아틴은 근력운동 시 빠른 에너지원을 공급하는데 도움이 되는 물질이다. 체내의 간과 신장에서 자연적으로 합성되고 약 95% 정도가 근육에 저장되어 있다. 보충제를 통해 크레아틴을 추가섭취하게 되면 근육사용에 필요한 에너지의 공급량을 늘리는 효과가 발생하여 근력 및 근지구력, 근회복능력 향상을 통한 운동수행능력 향상이 나타날 수 있다. 과다섭취 시 신장 기능의 저하 등 부작용을 일으킬 수 있기 때문에 주의가 필요하다.

■ DHEA에 대해 설명하시오.

- 신장 위에 위치한 부신에서 생성되는 호르몬이다. 여성 호르몬인 에스트로겐과 프로제스테론, 남성 호르몬인 테스토스테론과 유사한 역할을 한다. 골밀도 증가, 성기능, 임신 등에 작용하며, 면역기능을 높이거나 항노화에도 도움이 된다.

■ 테스토스테론(testosterone)은 무엇인가?

- 남성호르몬 중 가장 대표적인, 스테로이드 계열 지방 성분의 호르몬이다. 근육과 골격, 골밀도를 발달시키며 낮은 목소리 등 남성을 더욱 남성답게 만드는 역할을 한다. 남성 호르몬으로 알려져 있지만 여성에게도 분비된다.

■ 에스트로겐(estrogen)은?

- 여성호르몬 중 가장 대표적인 호르몬이다. 여성의 2차 성징의 발현에 영향을 주며 근육과 뼈의 생성 등에 작용한다.

■ 산소 부채에 대해 설명하시오.

- 어떤 운동이든 ATP를 만들기 위해서는 산소가 필요한데 고강도의 운동 시에는 ATP-Pcr시스템이나 무산소성해당과정을 통해 에너지를 생산하고 운동 후에 사용한 APT를 채우거나 부산물을 제거하기 위해 급작스럽게 산소를 보충하는 과정이 필요하다. 이처럼 운동 중에 부족했던 산소를 운동 후에 보충하기 위해 운동 후에 몰아쉬는 것을 산소 부채라고 한다.

■ 스포츠 심장에 대해 설명하시오.

- 스포츠를 통해 단련되어 심장 근육이 두꺼워지고 박출력이 높아져, 1회 박출량이 늘어나 낮은 심박수로도 충분한 혈액 공급이 가능한 심장을 말한다.

■ 대순환과 소순환에 대해 설명하시오.

① 대순환 : 체순환이라고도 한다. [심장 좌심실 – 대동맥 – 동맥 – 모세 혈관 – 온몸의 세포(산소와 영양소 공급, 이 산화탄소와노페물을 받음) – 정맥 – 대정맥 – 심장 우심방]으로 되돌아오는 혈액의 순환 과정이다.

② 소순환 : 폐순환이라고도 한다. [심장 우심실 – 폐동맥 – 폐의 폐포(산소와 이산화탄소 교환) – 폐정맥(산소를 받은 깨끗한 혈액)– 심장의 좌심방]으로 되돌아오는 혈액의 순환 과정이다.

■ 자율 신경계의 교감 신경계와 부교감 신경계에 대해 설명하시오.

• 자신의 의지로 제어할 수 없는 말초 신경계를 자율 신경계라고 한다. 자율 신경계는 교감 신경계와 부교감 신경계로 나누어지는데, 두 신경계는 한쪽이 활발해지면 다른 한쪽은 억눌리는 상호작용을 통해 제어된다. 교감 신경계가 활성화되면 인체의 흥분성이 강화되어 심장 박동 촉진, 호흡 운동 촉진, 소화액 분비 및 소화관 운동이 억제되고, 부교감 신경계가 활성화되면 흥분성이 억제되어 심장 박동 억제, 호흡 운동 억제, 소화액 분비 및 소화관 운동 촉진이 일어난다.

■ BMI에 대해 설명하시오.

• 체질량 지수(Body Mass Index)로 신장과 체중의 비율을 나타낸다. 근육과 지방의 무게를 구분하지 않아 근육량이 많은 사람에게는 적합하지 않다.

• BMI = 체중(kg) : 신장(m)^2

■ 체형의 종류에 대해 설명하시오.

① 외배엽 : 근육이나 지방이 잘 축적되지 않는 마른 체질로 체내 신진대사가 빨라 체중 증가가 어려운 체형이다.

② 중배엽 : 기본적으로 골격이 잘 발달되어 있고 근육량이 많으며 운동 시에 근육량의 증가가 빠르게 일어나는 체형이다.

③ 내배엽 : 대체적으로 몸이 둥글고 부드러우며 흉곽과 복부가 두터운 체형으로 골격이 크고 지방량이 많은 과체중의 형태가 많다.

■ 대상별 영양섭취 방법에 대하여 말하시오.

① 마른 몸을 가진 체형은 영양소의 체내 흡수량이 떨어지고, 빠른 신진대사로 인해 에너지 손실이 많은 편이다. 이런 사람들은 한 끼에 많은 양을 먹기 보다는 3-4시간 간격으로 지속적인 섭취가 필요하다. 식사를 규칙적으로 자주 할 수 없는 여건이라면 식이보충제를 활용하는 것이 대안이 된다.

② 근육질이나 덩치가 크고 비만인 체형은 영양소의 체내 흡수량이 원활하고, 느린 신진대사로 인해 지방과 단백질의 축적이 쉬운 편이다. 이런 사람들은 근육생성에 어려움은 없으나 지방축적 또한 쉽기 때문에 식이섭취 조절이 필요하다. 고칼로리음식, 술, 인스턴트식품 등은 가급적 피하는 것이 좋으며, 균형 있는 식단을 구성하여 양질의 식품을 섭취하는 것이 중요하다. 그밖에 고혈압, 당뇨, 비만 등의 질병을 가진 경우 해당 질병에 적합한 식단을 구성하는 것이 필요하다. 일반적으로 저지방 식단이 권장된다.

■ 보충제의 필요성과 섭취 방법에 대해 설명하시오.

• 근성장이나 운동수행의 필수적이지는 않을 수 있으며 식습관, 운동량, 선호도, 편의성 등 개인의 필요에 따라 구매와 섭취를 선택하는 것이 좋다. 예를 들어 근육을 발달시켜 탄력 있고 균형 잡힌 몸 또는 다이어트를 목적으로 운동을 한다면, 식사에서만 단백질을 섭취하는 것은 효율이 나쁘기 때문에 보충제가 필요할 수 있다. 보충제는 여러 번에 나누어 적은 양씩 섭취하는 것이 좋으며 섭취량은 대략 자신의 몸무게 1kg당 2~3g 정도가 적합하다.

■ 운동 전 카페인 섭취의 효능에 대해 설명하시오.

• 카페인은 각성 효과가 있어 운동 시 중추 신경을 흥분시켜 유산소 운동을 할 때 지방을 최대한 활용하게 해주고, 고강도 운동을 할 때는 힘의 생성을 늘려 주는 효과가 있다. 하지만 과도한 섭취는 불안감, 불면증 등을 초래하며 이뇨 작용을 일으킬 수 있다.

■ 흡연이 운동 수행 시 인체에 미치는 영향에 대해 설명하시오.

• 기도 저항 증가, 심폐 기능 저하, 산소 공급 장애, 혈압 및 심박 수 증가, 지구력 감소 등이 발생하여 결과적으로 운동 능력이 저하된다.

■ 스테로이드에 대해 설명하시오.

• 스테로이드는 약물로 신체적·정신적 스트레스를 이겨낼 수 있는 에너지를 제공하지만, 얼굴이 붓고 홍조가 나타나며 체중 증가, 골다공증, 면역 기능 저하, 우울증 등의 부작용이 있다.

■ 아나볼릭 스테로이드에 대해 설명하시오.

• 신체 근육을 일시적으로 강화시키기 위해 단백질의 동화·흡수를 촉진시키는 합성 스테로이드이다. 아나볼릭제제는 세계도핑방지규약에서 규정하는 금지 약물이다.

■ 근육의 종류를 말하시오.

• 근육은 보디빌딩과 관련하여 골격근, 내장근, 심장근으로 분류할 수 있다.

① 골격근은 골격에 부착되어 있는 근육으로 의지에 따라 움직일 수 있는 수의근이며 가로무늬가 있는 가로무늬근이다.

② 심장근은 의지에 따라 움직일 수 없는 불수의근이며 골격근과 마찬가지로 가로무늬근이다.

③ 내장근은 내장을 구성하는 근육으로 의지에 따라 움직일 수 없는 불수의근이며 무늬가 없어 민무늬근에 해당한다.

■ 근섬유 종류는?

• 근섬유는 크게 지근섬유와 속근섬유로 구분할 수 있다.

① 지근섬유는 미오글로빈의 함량이 높고 모세혈관의 밀도가 높아 붉은색을 띠기 때문에 적근이라고도 부른다. 느린 수축 속도를 특징으로 하지만 낮은 최대장력, 높은 피로 저항력을 가졌기 때문에 폭발적인 운동보다는 유

산소성 운동에 활용된다.

② 속근섬유는 미오글로빈의 함량이 적고 모세혈관이 상대적으로 덜 발달하여 흰색을 띠기 때문에 백근이라고 부른다. 빠른 수축 속도와 높은 최대 장력을 가졌지만 피로에 대한 내성이 약하기 때문에 보디빌딩이나 단거리 달리기와 같은 폭발적인 힘을 필요로 하는 순발적인 운동에 활용된다.

■ 단축성 수축과 신장성 수축은 무엇인가?

① 단축성 수축은 근육의 길이가 짧아지며 장력을 발생시키는 수축을 말한다. 턱걸이에서 올라가는 동작일 때 이두근에서 발생하는 수축이 대표적인 사례이다.

② 신장성 수축은 근육의 길이가 길어지면서도 장력이 유지되는 수축을 말한다. 턱걸이에서 내려가는 동작일 때 이두근에서 발생하는 수축이 대표적이다.

■ 그 밖의 근육 수축의 종류는?

• 단축성 수축과 신장성 수축 이외에도 등장성 수축, 등척성 수축, 등속성 수축 등이 있다.

① 등장성 수축은 근육의 길이가 변화하면서 근력을 발생시키는 수축이다. 주로 웨이트 트레이닝의 동작에서 발견된다.

② 등척성 수축은 철봉에 매달려 버티기나 줄다리기에서 줄을 당기며 버티는 동작처럼 근섬유 길이가 변화하지 않으면서 근력을 발생시키는 수축이다.

③ 등속성 수축은 운동속도가 일정하게 유지되는 상황에서 근력이 발생하는 수축으로 주로 재활운동에서 활용되는 등속 싸이클 등에서 발견된다.

■ 주동근과 길항근에 대해 설명하시오.

• 주동근은 운동 부위에 직접적으로 움직임을 일으키는 근육을 말한다. 길항근은 주동근의 반대로 움직임을 느리게 하거나 정지시키는 근육을 말한다. 길항근은 관절을 안정시키고, 움직임이 빠른 후반부에 속도를 늦춰 부상을 예방하고 동작을 멈출 수 있도록 한다.

■ 근수축 과정에 대해 설명하시오.

• 액틴과 미오신 근세사가 모여 근섬유를 만들고, 이들이 모여 근육을 이루고 있다. 근수축은 액틴과 미오신이 서로 끌어당겨 근세사의 길이가 짧아지고 결과적으로 근섬유가 수축하게 되어 발생한다.

■ 운동 중 고원 현상에 대해 설명하시오.

• 고원 현상은 어느 수준까지 증가하던 학습 효과가 학습의 종류에 따른 학습자의 피로, 권태, 흥미의 상실과 같은 생리적·심리적 요인에 의해 일시적으로 정체될 때 나타난다.

03 : 응급처치

■ 응급 처치의 필요성에 대해 설명하시오.

• 응급 처치란 갑자기 발생한 외상이나 질환에 대해 최소한의 긴급 처치를 하는 것을 말한다. 이러한 응급 처치는 응급 환자의 생명을 구하며, 통증의 감소 및 장애를 방지하여 치료 기간을 단축시키고 응급 환자가 회복 후에도 가치 있는 삶을 살아갈 수 있도록 한다.

■ 응급 처치의 중요성에 대해 설명하시오.

① 환자의 생명을 구하고 현 상태를 유지한다.

② 상태의 악화를 방지하고, 고통을 경감시킨다.

③ 치료 기간과 입원 기간을 단축해 준다.

④ 의료비 지출을 줄여 준다.

■ 응급 처치 시 지켜야 할 사항에 대해 설명하시오.

① 응급 처치자 자신의 안전을 확보한다.

② 당황하지 않고 신속·침착하게 대응하며 중증 환자부터 우선 처치한다.

③ 환자의 생사에 대한 판단은 하지 않는다.

④ 원칙적으로 의약품을 사용하지 않으며, 검증되지 않은 민간 요법도 사용하지 않는다.

⑤ 응급 처치로 그치고 이후 전문 의료 요원의 처치에 맡긴다.

■ 응급 상황 시 행동 요령에 대해 설명하시오.

① 현장 조사(Check) : 현장과 부상자를 확인한다.

② 연락(Call) : 119나 응급 의료 기관에 신고한다.

③ 처치 및 도움(Care) : 부상자를 돌본다.

■ 응급처치 시 일반적인 주의사항에 대해 말하시오.

① 먼저 의식의 유무를 확인한다.

② 환자의 호흡, 심박, 출혈 등을 확인한다.

③ 환자의 상태에 따라 심폐소생술, RICE 등의 적합한 응급처치를 신속히 시행한다.

④ 이때 RICE는 휴식, 얼음찜질, 손상부위에 대한 압박, 상처부위를 높이는 일을 말한다.

⑤ 응급처치를 실행하는 중 발생할 수 있는 2차 손상에 주의한다.

■ 의식이 없는 환자의 응급처치법에 대해 말하시오.

① 먼저 의식 유무를 확인한 뒤 119에 신고한다.

② 환자의 호흡곤란, 호흡정지, 출혈 등 부상정도를 파악한다.

③ 조이는 옷은 느슨하게 풀어준다.

④ 얼굴이 창백해지면 다리를 높여주고, 얼굴이 붉어지면 머리를 높여준다.

⑤ 얼굴을 옆으로 돌려주어 이물질에 의해 기도가 막히는 것을 방지한다.

⑥ 혀가 말려들어간 경우 혀를 꺼내어준다.

⑦ 호흡과 맥박이 없으면 심폐소생술을 실행한다.

⑧ 이때 2차 손상에 주의한다.

■ 의식이 있는 환자의 응급 처치법에 대해 말하시오.

① 환자의 상태에 따라 119에 신고한다.

② 환자의 호흡곤란, 출혈 등 부상정도를 파악한다.

③ 환자의 체온유지를 돕는다.

④ 환자의 상태에 따라 지혈, RICE 등의 적합한 응급처치를 신속히 시행한다.(RICE는 휴식, 얼음찜질, 손상부위에 대한 압박, 상처부위를 높이는 일)

⑤ 지속적인 대화를 시도하여 불안, 공포감을 없애고 심리적 안정을 취하게 돕는다.

⑥ 응급처치를 실행하는 중 발생할 수 있는 2차 손상에 주의한다.

■ 골절상 환자의 응급 처치법에 대해 말하시오.

• 골절 부위에 체중이 실리지 않도록 하고 부목 등을 이용해 해당 부위를 고정시킨다. 부종을 막기 위해 다친 부위를 심장보다 높게 올려야 하며, 열린 상처가 있을 경우 깨끗한 거즈나 수건으로 상처 부위를 압박 지혈해야 한다.

■ 출혈이 있는 환자에 대한 응급 처치법을 설명하시오.

• 상처의 범위와 정도를 먼저 평가한다.

• 처치자는 감염으로부터 보호받기 위해 의료용 장갑을 낀다.

• 옷을 벗기거나 잘라서 상처 부위를 드러내고 출혈이 있는 곳을 찾는다.

• 소독 거즈나 깨끗한 천으로 상처 부위를 완전히 덮고 손가락이나 손바닥으로 직접 압박하여 지혈한다.

• 출혈이 계속되면 상처 부위를 직접 압박함과 동시에 압박점에 압박을 가해서 혈류를 늦춘다.

• 부목으로 상처 부위를 고정한다.

■ 흉부 압박에 대해 설명하시오.

• 심정지 환자인 경우 딱딱하고 평평한 바닥에 눕혀 즉시 흉부 압박을 실시한다.

흉골의 아래쪽 절반 부위에 한쪽 손바닥을 대고 다른 한 손을 그 위에 포개어 깍지를 낀 후 팔꿈치를 곧게 펴서 환자의 가슴과 구조자의 팔이 수직이 되도록 한다. 체중을 실어 분당 100회~ 120회 정도의 규칙적인 속도로 강하고 빠르게 압박한다.

① 위치 : 복장뼈의 1/2 아래 지점

② 깊이 : 최소 5cm, 최대 6cm

③ 속도 : 분당 100회 이상, 120회 이하

④ 압박과 인공 호흡 : 압박 30회, 인공 호흡 2회

⑤ 압박과 이완 비율 : 50 대 50

■ RICE 처치법에 대해 설명하시오.

- 휴식(Rest), 얼음찜질(Ice), 압박 (Compression), 거상(Elevation)의 각 첫 글자를 합친 용어이다. 환자가 골절이나 탈구의 경우 부상부위의 움직임을 최소화하고, 이후 얼음찜질로 환부를 냉각시키며 압박붕대 등으로 환부를 압박한다. 그리고 부상부위를 심장보다 높은 위치로 들어올린다. 부상 후 48~72시간 이내에 조치가 취해져야 통증을 줄이고 예방하는데 도움이 된다.

■ CPCR(Cardio-pulmonary Cerebral Resuscitation)에 대해 설명하시오.

- 심폐 뇌 소생술로 호흡 및 순환 기능을 회복시켜 뇌로 산소를 공급하기 위해 시행하는 응급 처치이다. CPR과 유사 개념으로 CPR이 심장. 폐 기능을 회복시켜 소생을 돕는 과정이라면, CPCR은 심장과 폐, 순환 기능을 회복시켜 뇌 손상까지 막는다는 의미를 가진다.
- 기본 인명 구조에서는 '기도 확보 및 유지 – 호흡 보조(응급 환기 및 산소 공급) – 순환 보조'의 단계로 진행한다.

■ 자동 심장 충격기(자동 제세동기)의 사용법에 대해 설명하시오.

① 전원 켜기

② 두 개의 패드 부착

③ 심장 리듬 분석

④ 심장 충격(제세동) 시행

⑤ 심폐 소생술 다시 시행

03 태도 (20점)

- 태도부분은 응시자의 자세와 스포츠지도사에 대한 신념을 평가합니다. 특별히 평가문항이 있는 것이 아니라 응시하는 당일의 복장과, 시험관의 질문에 답을 하는 자세, 목소리 등이 평가의 대상입니다.

- 특별한 이유가 없는 한 시험주관기관에서 발표한 정확한 복장을 착용하고 가실 것을 권장하며, 구술 질문에 대하여 자신있고 뚜렷한 목소리로 답을 하시는 것이 필요합니다. 혹시 답변을 잘못한 경우에는 "다시 말씀드리겠습니다.~"라고 이야기하고 정확한 답을 다시 말하는 것도 좋습니다.

생활·전문 스포츠지도사 2급 보디빌딩
실기·구술 단박에오름

펴낸날 2024년 03월 20일

지은이 단박에오름 대장장이 전지호
발행인 최영민
발행처 피앤피북
주소 경기도 파주시 신촌로 16
전화 031-8071-0088
팩스 031-942-8688
전자우편 pnpbook@naver.com
출판등록 2015년 3월 27일
등록번호 제406-2015-31호

정가 : 26,000원

ISBN 979-11-92520-84-1 (13690)

최다합격후기를 만들어 낸 오름의 힘!

전문강사와 연구진이 제작한 정확하고 명쾌한 강의가 마련되어 있습니다.

단박에 오름 네이버 카페

cafe.naver.com/saengche3

단박에 오름이 운영중인 카페에 가입하시면 학습 중 궁금한 내용에 대한 피드백을 실시간으로 받을 수 있습니다.

또한 스포츠지도사의 필기시험과 구술 실기에 대한 다양한 자료와 정보를 열람할 수 있습니다.

스포츠지도사 분야 최다 회원수, 2011년 이후 단박에오름보다 하나라도 더 많은 합격 후기가 있는 인터넷 사이트나 카페를 발견하시면 단박에오름의 교재와 인강 등 모든 학습 프로그램을 무료로 제공하겠습니다.

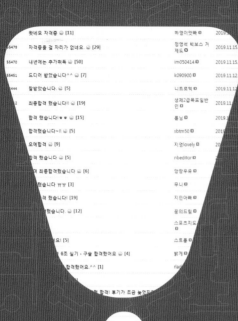

생활·전문 스포츠지도사 2급

보디 빌딩 실기구술 2024 단박에 오름

7만3천명 회원의 생생한 후기와 노하우를 직접 확인하세요.

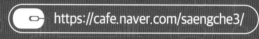

https://cafe.naver.com/saengche3/

· 2015년 이후 보디빌딩 구술실기 기출문제를 분석
· 보디빌딩의 기본원리부터 지도원리까지
· 빈출 동작과 심사 포인트를 유기적으로 연계하여 구성
· PT 없이 준비하는 수험생들도 쉽게 이해할 수 있도록 편집

여러분의 합격을 책임지겠습니다.

값 26,000원

13690

9 791192 520841

ISBN 979-11-92520-84-1